Anette Winkelmüller

„Im Krieg war ich noch klein"

Erinnerungen an den Zweiten Weltkrieg

Unseren Kindern
und Enkeln gewidmet

Anette Winkelmüller

„Im Krieg war ich noch klein"

Erinnerungen an den 2. Weltkrieg

LVH

Bibliografische Information Der Deutschen Nationalbibliothek

Die Deutsche Nationalbibliothek verzeichnet diese Publikation
in der Deutschen Nationalbibliografie; detaillierte bibliografische Daten
sind im Internet über http://www.d-nb.de abrufbar.

© Lutherisches Verlagshaus GmbH, Hannover 2011
www.lvh.de
Alle Rechte vorbehalten
Abbildungen:
Anette Winkelmüller, Hannover: S. 9, 11, 68, 82, 120,
Wolfhard Winkelmüller, Hannover: S. 80,
alle übrigen aus Privatbesitz
Gesamtgestaltung: Sybille Felchow, she-mediengestaltung, Hannover
Druck und Bindung: MHD Druck und Service GmbH, Hermannsburg

ISBN 978-3-7859-1050-4

Printed in Germany

Inhaltsverzeichnis

Vorwort von Hans Werner Dannowski 6

Zur Einstimmung 9

Prolog 17

Die Erinnerungen der Kinder
Warum die Kinder und warum jetzt? 21
Psychotherapie, der Krieg in den Biografien
der Patienten und in ihren Seelen 29
Sich erinnern, den Schrecken benennen 33
Das Leiden der Kinder im Krieg 36

Welche Symptome waren und sind Kriegsfolgen?
Allgemeine psycho-physische Schädigungen 56
Das Trauma 58
Die transgenerationale Weitergabe 65
Die Kriegskinder der Täter 70
Trauern und Sprechen 78
Die Posttraumatische Belastungsstörung 85

Die Kriegskindergeneration erinnert sich
Das Seminar 87
Ergebnisse des Seminars 90
Was hat der Krieg mit uns „Kriegskindern" gemacht? 108

**Die Kinder von damals erzählen
den Kindern von heute** 111

Die „Kriegsenkel" 116

Epilog 121

Anstelle eines Nachworts 124

Danksagung 126

Literatur 128

Vorwort

Stadtsuperintendent i. R. Hans Werner Dannnowski

Nach der Lektüre des Buches über die „Kriegskinder", für das Anette Winkelmüller mich um ein Vorwort gebeten hatte, stürzte geradezu eine Kaskade eigener Erinnerungen auf mich ein. Diese Jahre einer Kindheit im Kriege haben uns doch durch und durch geprägt! Zwei Begebenheiten muss ich einfach erzählen.

Ich sehe mich, zusammen mit unserer Familie, an meinem 8. Geburtstag im Wohnzimmer an der Kaffeetafel sitzen. Es ist der 22. Juni 1941. Seit dem Morgen ist ein dumpfes Grollen in der Luft. Der Krieg mit der Sowjetunion hat begonnen. Wir wohnten damals in einem Postamt auf einer Bahnstation östlich von Königsberg.

Der Kriegsbeginn traf uns nicht unvorbereitet. Seit Tagen waren auf der einen Seite unseres Hauses die Züge mit Panzern und Geschützen in Richtung Grenze gerollt. Auf der anderen Seite marschierten, Tag und Nacht, auf der Reichsstraße 1 die Truppen. Der Geschützlärm wurde in den nächsten Tagen leiser, hörte auf. Bis er in den ersten Tagen des Januars 1945 erneut hörbar wurde. Näher rückte. Am Ende schossen die russischen Panzer in unser Dorf und trieben uns auf die Straße.

In jenen Tagen und Wochen des Jahres 1941 musste es jedem Nachdenklichen klar werden: Hier wurde ein Angriffskrieg generalstabsmäßig vorbereitet. Wir waren seine Zeugen. Schon im Dezember 1940 setzte Hitler das „Unternehmen Barbarossa" in Gang. Das haben wir damals nicht gewusst, man konnte es aber ahnen. Wie nahezu alles in jenen Jahren: Die Vernichtungswalze des Krieges ging von Deutschland aus. Verheerte ganze Länder, Dörfer, Städte. Rottete Eliten und Unbeteiligte aus, transportierte Juden in Vernichtungslager. Am Ende kehrte das Inferno der Zerstörung zu uns selbst zurück.

Äußerlich waren es, vom Juni 1941 bis zum Januar 1945, noch einmal unbeschwerte Kindheitsjahre. Innerlich war es ein Abschiednehmen. Der Bruder fiel vor Leningrad. Die Schwester ging ins „Pflichtjahr". Als wir auf der Flucht mit dem Handwagen durch das zerstörte Königsberg zogen, wussten wir wohl alle, dass wir – wenn überhaupt – nur als Fremde zurückkehren würden. Moralisch hatten wir das Recht auf unsere Heimat verloren. Wenn es uns geschenkt würde, diesen Krieg durchzustehen, dann müsste man noch einmal ganz von vorne beginnen.

Die Denkschrift der „Evangelischen Kirche in Deutschland" hat mir mit ihrer Studie über „Die Lage der Vertriebenen und das Verhältnis des deutschen Volkes zu seinen östlichen Nachbarn" später, 1965, aus dem Herzen gesprochen. Auf der Basis politischer Erkenntnisse und ethischer Entscheidungen ging es um einen neuen Dialog zwischen den Völkern und eine dauerhafte Friedensordnung zumindest in Europa. Und es war sicherlich die Erinnerung an jenen Kindheitsgeburtstag vom 22. Juni 1941, die mich dazu veranlasste, meinen Geburtstag im Jahr 1991, also am 50. Jahrestag des Überfalls Hitler-Deutschlands auf die Sowjetunion, nicht in Hannover, sondern in unserer russischen Partnerstadt Iwanowo zu verbringen. Einfach wichtig war es an diesem Tag, den Geist der Versöhnung mit unseren orthodoxen Schwestern und Brüdern zu feiern, ihn gerade dort aufzunehmen und weiterzugeben versuchen.

Die andere Geschichte aus jenen Kriegsjahren. Ich bin dabei gewesen, als sich in den ersten Februartagen des Jahres 1945 der unübersehbare Treck von Menschen, Pferden und Wagen bei 30 Grad Kälte über das zugefrorene „Frische Haff", über das „Fischhausener Wiek" von Fischhausen bis zum rettenden Hafen Pillau bewegte. Durch Artilleriebeschuss und russische Tiefflieger war dieser Marsch die Hölle. Leichen und Pferdekadaver überall, Menschen, Pferde und Wagen versanken im Eis, Todes- und Entsetzensschreie von allen Seiten. Dazwischen dieser 11-jährige Junge, der – ohne Handschuhe, mit blau gefrorenen Händen – offenbar verbissen mit seiner Schwester und der „Erna" den Wagen zog, auf dem Mutter saß, die nicht mehr laufen konnte.

Das für mich eigentlich Erschreckende bei der Beschreibung dieses Fluchtabschnittes ist, dass ich persönlich nicht die geringste Erinnerung an jenen Marsch über das Frische Haff habe. Dieser Tag ist wie ausgelöscht. Alles, was ich darüber weiß, stammt aus den Erzählungen der Schwester oder Anderer, die dabei gewesen sind. Das Beste, was sich zur Erklärung dieses eigenartigen Sachverhaltes anführen lässt, steht in dem Kapitel über die „Verdrängung" und über die „Traumata" in diesem Buch. Die Bilder, die ich damals gesehen habe, waren offenbar zu entsetzlich für die Seele dieses kleinen Mannes. Hätte ich später eine Therapie gemacht, wäre vieles aus dem Unbewussten sicherlich wieder aufgetaucht. Da ich aber offenbar ohne größere innere und äußere Verletzungen davongekommen bin, nehme ich die Wohltat des Vergessenkönnens gerne weiterhin in Anspruch.

Aber da ist dann doch noch ein Anderes in diesem beunruhigenden Phänomen der totalen Amnesie. Theodor W. Adorno hat in vielen seiner Bücher, etwa in der „Negativen Dialektik" oder in der „Ästhetischen Theorie", von der „Scham der Davongekommenen" gesprochen. Wir, die wir durch den Krieg hindurchgekommen sind, sind doch nicht besser, wichtiger oder zukunftsweisender gewesen als die, die in Stalingrad gefallen oder in den Fluten des Frischen Haffs versunken sind. Das Überleben ist doch kein Verdienst! Eher im Gegenteil. Haben wir doch wenigstens einen Teil unserer deutschen Selbstachtung zurückgewonnen durch die Menschen, die den Versuch gemacht haben, dem Wahnsinn der Hitler-Diktatur zu widerstehen und die dabei ihr Leben gelassen haben. Die Intensität, mit der ein jüdisches Mädchen wie Anne Frank im holländischen Versteck ihr Ja zum Leben in ihr Tagebuch geschrieben hat, hat mich als Heranwachsender außerordentlich ermutigt und bewegt. Die „Scham der Davongekommenen" ist immer wieder eine wirksame Realität in meinem Leben gewesen. Hat die Demut an ihrer Seite. Sie hat vielleicht auch verhindert, beim Untergang der Anderen – an dem man nichts ändern konnte – einfach nur zuzuschauen. Während man selbst das rettende Ufer erreichte.

Man merkt es an sich selbst: Die „Kriegskinder" werden mit ihren Erinnerungen nie an ein Ende kommen. So ist das Buch von Anette Winkelmüller, sind die Erinnerungen der Zeitzeugen ein vielfacher Anstoß und eine Anregung, das ganze Leben mit seinen Höhen und Tiefen gerade von den Anfängen her nicht aus dem Blick zu verlieren.

Hannover, im Mai 2011

Zur Einstimmung

Wir Kinder des letzten Krieges – getragen von den Schwingen der Zeit in ein meist friedliches Leben, das so fern ist von dem, was wir schon in frühen Jahren erlebten, inzwischen scheinbar vergessen oder verdrängt – schleppen dennoch oft eine besondere Bürde mit uns herum. Bewusst oder unbewusst haben wir fast alle die Schrecken einer vergangenen Zeit abgespeichert. Auf nur uns bekannte Signale hin wird manchmal unsere Seele berührt oder auch erschreckt. Und auch, wenn wir meinen, wir wissen alles von uns und über uns, ist da manchmal etwas Fremdes, das nicht zu uns gehört.

Wenn wir, die wir damals Kinder waren, verstehen, erkennen und erinnern wollen, sollten wir eine kleine „Zeitreise" zurück in die jüngste Vergangenheit machen. Wir können hier unsere Trauer und unsere schlimmsten Albträume bestätigt finden, aber auch die Hoffnung auf und die Bemühungen um eine jetzt friedliche Entwicklung.

Die Reise könnte beginnen in Peenemünde auf der Ostseeinsel Usedom.

Peenemünde, *Kraftwerk mit Krananlage, Zustand 2010*

Peenemünde, ein Täter- und ein Opferort, an dem jetzt die gesellschaftliche Etablierung des Erinnerns und des Auseinandersetzens besonders auch für die Nachlebenden stattfinden kann. Hier befinden sich die gespenstischen Überreste der ehemaligen „Heeresversuchsanstalt", in der Wernher von Braun dem Traum von der Weltraumschifffahrt ab 1936/37 nachging, die aber seit 1941 der Raketenherstellung zu militärischen Zwecken (die „Wunderwaffe", V1 und V2) unter den Ministerien von Speer und Göring sowie der SS von Himmler diente. Entlang der Ostsee wurden Beobachtungspunkte zum Verfolgen des Laufs der Flugkörper errichtet. 1942 wurde die erste Rakete Richtung England geschossen, die dort große Verwüstungen verursachte. Danach wurde die Serienproduktion freigegeben, die u. a. mit Hilfe von Zwangsarbeitern, KZ-Häftlingen und Kriegsgefangenen erfolgte. Die Briten jedoch hatten den sehr gut getarnten, einsam gelegenen Produktionsort mittlerweile geortet und bombardierten ihn 1943, trafen jedoch überwiegend zivile Orte, auch das Zwangsarbeiterlager. Die Raketenproduktion und -weiterentwicklung wurde daraufhin nach Thüringen, in das berüchtigte „Mittelbau-Dora" verlegt, wo wiederum ungezählte KZ-Häftlinge und Zwangsarbeiter unter schlechtesten Bedingungen arbeiteten und zu Tode kamen. In Peenemünde fand weiterhin die Entwicklung und Erprobung von Luft-Boden-Flugkörpern statt. 1945 wurde das gesamte Team der Raketenbauer nach Amerika transferiert und war hier maßgeblich an der Entwicklung des Raumfahrtprogramms beteiligt. Das Kraftwerk wurde noch bis 1990 von der DDR genutzt und imponiert noch heute, wie die anderen Gebäudereste, durch gewaltige und bedrückende, düstere Wucht.

Wenige Kilometer entfernt entlang der Insel Richtung Osten stehen die strahlend weißen, schön renovierten Villen der ehemaligen Kaiserbäder, einst FDGB-Ferienheime der DDR (meist nur für verdiente Werktätige) an der schärfstens bewachten Ostseegrenze zu den Nachbarländern, vor dem prächtigsten Gebäude die Büste Kaiser Wilhelm I.: „Was hat der schon für das Volk getan, hätten'se abreißen sollen und Walter Ulbricht hinstellen", so konnte man es zu DDR-Zeiten hören. Noch etwas weiter befindet sich der jetzt offene Übergang von Ahlbeck nach Swinemünde/Swinoujscie, jetzt Polen, der hin und her lebhaft genutzt wird. Und per Schiff kann man oderaufwärts und über das Stettiner Haff die Stadt Stettin/Szczecin besuchen. Stettin, die ehemals deutsche Hafen-, Industrie- und Kulturstadt, die ebenfalls sehr zerstört worden war. Die historischen Gebäude sind größtenteils schon restauriert worden, die Altstadt wird gerade wieder aufgebaut.

Noch weiter aufwärts über die Oder sind die ersten deutschen Krad- und Panzereinheiten am 1. September 1939 nach Polen eingefallen, viele Väter der Kriegskinder waren dabei.

Die ehemals deutschen Gebiete östlich der Oder, Hinterpommern und Schlesien, galten in dem nachfolgenden Krieg lange als ruhige Gebiete, in die Bombenopfer aus dem Ruhrgebiet, Mütter mit Kindern und Kinderlandverschickungen evakuiert wurden. Aber als nach Stalingrad 1942 der deutsche Vormarsch gestoppt wurde und die russischen Armeen zusammen mit polnischen und ukrainischen Einheiten die Deutschen aus dem Land östlich der Oder vertrieben und über die Oder setzten, war das Schicksal der Deutschen besiegelt. Der Krieg war verloren. Auch an der Ostseeküste, z. B. auf Usedom tobte nun der Krieg.

Ein besonders eindrucksvolles Zeugnis dieses vergangenen Geschehens ist die Gedenkstätte, die sich auf dem Golm gegenüber von Swinemünde befindet.

Gedenkstätte **Golm**, *bei Swinemünde*

Früher heidnisches Heiligtum, dann beliebte Ausflugstätte der Swinemünder Bürger, wurde er am Ende des Zweiten Weltkrieges zu einem Massengrab für die bei dem großen Terrorangriff der Amerikaner getöteten Flüchtlinge, Soldaten und Einheimischen, die durch das „Nadelöhr" Swinemünde am 12. März 1945 über die Oder flohen. Nach vielen Querelen zur DDR-Zeit (Friedhof, Christliche Stätte mit Kreuz, Nazimahnmal wurden kontrovers diskutiert) kann hier jetzt eine würdevolle Gedenkstätte für 23 000 Opfer des Krieges und besonders dieses fürchterlichen Angriffs besucht werden, die den Besucher Trauer und Schmerz ob dieses sinnlosen Sterbens spüren lässt. Dies ist besonders nachzuvollziehen vor dem Hintergrund von Augenzeugenberichten, so dem eines damaligen Kindes, das zunächst einen der ersten großen Angriffe 1942 auf Stettin erlebte, danach einen Tag vor dem Angriff 1945 nachts mit einem Treck über eine notdürftig errichtete Pontonbrücke über die Oder bei Swinemünde auf das andere Ufer gelangen konnte.

Wir reisen weiter. Der Rest, das Mittelteil, der gewaltigen Eisenbahnbrücke über den Peenestrom bei Karnin, die 1875 die erste Verbindung zu den Ostseebädern über Stettin nach Swinemünde per Eisenbahn war, von den Nazis kurz vor Kriegsende gesprengt, ragt hoch auf. Vorbei am Stettiner Haff, weiter durch die Uckermark, durch die 1945 in Schutt und Asche gelegte Stadt Gartz („Pommerland ist abgebrannt.") und die ebenfalls zu 85% zerstörte barocke Stadt Schwedt, diese Städte waren schon immer Grenz- und Festungsstädte. Die Kriegsschäden sind teilweise noch zu erkennen, doch fand indessen auch Aufbau oder Renovierung nach DDR-Möglichkeiten statt.

Das Ziel unserer Reise ist das Oderbruch. Das Oderbruch ist eine weite, flache Landschaft, durchzogen von Gräben und Kanälen. Richtung Osten glitzert die Oder mit ihren Überschwemmungsgebieten, soweit sie nicht eingedeicht ist, Ergebnis der Trockenlegungsmaßnahmen der Preußen unter Friedrich II. Die kleinen Kolonistendörfer liegen noch beinahe wie damals aufgereiht entlang der schnurgeraden Straßen, Angerdörfer, überschattet von Baumreihen. Ein Bild des

Wolfgang M.-J., Jahrgang 1931

[...]

Im Morgengrauen des 2. März 1945 ging es dann wirklich los, weil die deutschen Truppen den Feind zurückgeschlagen hatten. Die einzige Helligkeit in dieser dunklen Winternacht ging vomSchnee aus. Wir fuhren gen Westen Richtung Kolberg und hielten gegen Mittag bei herrlichem Wintersonnenschein vor einem großen Kasernengelände. "Alles absteigen" wurde verkündet. Wir bleiben hier. Das Benzin ist alle. Der Fahrer und ich machten uns daran, den LKW abzuladen. Allein unsere Familie hatte 24 Gepäckstücke: 1 Bettsack (so groß wie 3 Kartoffelsäcke), Vaters hölzerne Offizierskiste, Koffer, Rucksäcke und Tornister mit allernotwendigsten etc.

Die resoluten Berliner Mütter- unter der Führung meiner Mutter- gaben in dieser Situation nicht auf, denn die Russen folgten uns auf den Versen. Nicht nur meine recht unerschrockene Mutter hatte eine panische Angst vor der sowjetischen Soldateska. Sie eilten in das nächste zuständige Büro und forderten Kraftstoff für die Fahrzeuge unsere Kolonne. Sie bekamen ihn und die LKWs mussten wieder beladen werden, damit wir so schnell wie möglich weiterfahren konnten. Die Koffer wurden die Treppen in der Kaserne hinunter geschleift und dann mehrere 100 m zur Straße geschleppt. Unser nächstes Ziel war die kleine Stadt Treptow an der Rega.

Als wir spät abends ankamen, herrschte ein heilloses Durcheinander. Viele waren schon vor uns angekommen. Fast gegen Mitternacht fanden wir in einem Kino am Markt Quartier. Ich wollte im Gang meine schwere Aktentasche absetzen, ließ sie zu Boden fallen, und sie fiel auf eine Frau, die dort unter einer Decke lag. Ich fand dann einen Platz im Orchesterraum und streckte mich - so wie ich war – aus. Das war die einzige Nacht in meinem ganzen Leben, in der ich auf dem nackten Boden geschlafen habe. Geschlafen habe ich kaum, weil ich vor Erschöpfung einen Schüttelfrost hatte.

In der Frühe ging es weiter, weil wir möglichst schnell in Swinemünde die Oder überschreiten wollten, als großer Fluss ein natürliches Bollwerk gegen die nachrückenden feindlichen Truppen. Aber so schnell wie wir es uns wünschten, ging es nicht. Die Straße war voll von Trecks, Menschen, die mit Wägelchen, Schubkarren und Leiterwagen zu Fuß nach Westen drängten. Dazu kam der Gegenverkehr mit den Soldaten, die zur Front beordert waren. In den Straßengräben lagen die Kadaver der Pferde, die vor Entkräftung zusammengebrochen waren. 27 Stunden standen wir auf einer Stelle, so dass genügend Zeit war, eine Kanne Milch vom nächstgelegenen Bauernhof zu beschaffen oder ein Huhn zu schlachten, das dann auf dem Acker zubereitet wurde. Die Wagen fuhren nachts jede Stunde 10m vor. Die vorhandene Fähre an der Ostswine war dem Ansturm von Fahrzeugen, die sich in Dreierreihe stauten, nicht gewachsen. Langsam und beschwerlich ging es weiter, und am 06.März 1945 um 2.30 h erreichten wir die Oder. Pioniere hatten eine Pontonbrücke wiederhergestellt. Sie standen noch links und rechts mit ihren Taschenlampen an den Pfosten, als unser LKW, an dem ein Zweiter an einer Eisenstange hing, schwer beladen über die Bohlen rollte.

Wumm—wumm, wumm tönten die Axen, eine Musik, die ich nie in meinem ganzen Leben vergessen habe. Wir hatten die Oder hinter uns!
Kurze Zeit später wurde die Pontonbrücke von der US Airforce zerstört. Hatten wir ein Glück! Erst 64 Jahre später wurde mir richtig bewusst, welches Glück wir hatten. Die USAirforce hat Swinemünde mit 670 Bombenflugzeugen angegriffen. Sie warfen 3000 Bomben auf die kleine Stadt und ihren Hafen. Weil die Stadt von Flüchtlingen aus Pommern und Ostpreußen überfüllt war, mussten ungefähr 20.000 Menschen ihr Leben lassen. Sie wurden auf dem Golm beigesetzt.

Die Fahrzeugkolonne fuhr durch die nachtdunkle Insel Usedom Richtung Anklam.

Friedens, erholsam für Auge und Seele. Und doch wird man überall an die jüngste Vergangenheit schmerzlich erinnert.

Eine Dokumentation im Museum neben dem russischen Kriegsdenkmal auf den Seelower Höhen schildert anschaulich, wie die Rote Armee das Land an der Oder überrollte, wie schwere Kämpfe die kleinen Städte zerstörten, die, zur Festung erklärt, teilweise bis heute nicht wieder aufgebaut wurden (oder ganz schlicht und zweckmässig zur DDR-Zeit). Die Narben des Krieges sind gerade an der Oder, die zu einem deutschen Schicksalsfluss und zur Grenze zum Nachbarland Polen wurde, noch heute deutlich zu sehen. Und überall Kriegsgräberstätten, die in den Kolonistendörfern besichtigt werden können, oder auch auf der anderen Oderseite, die ihre deutsche Vergangenheit nicht leugnen kann. Als stolze Zeugen der Vergangenheit ragen in den Städten die oft großen gotischen Backsteinkirchen oder in den Dörfern die kleineren romanischen Feldsteinkirchen auf, auch sie häufig zerstört und manchmal nicht wieder aufgebaut, erschütternde Mahnmale. Daneben findet heute zum Glück wieder viel normales Leben statt – beinahe als wäre nichts gewesen.

In diesem Krieg verloren 9.737.000 Menschen ihr Leben, davon 500.000 Zivilisten (Zahlen aus dem Museum Seelow).

Der Krieg zerstört die Kultur und die Identität der Völker, das ist in diesem wunderschönen Landstrich an der Oder immer wieder zu spüren. Überall sind Relikte dieser größten, jemals auf deutschem Boden stattgefundenen Schlacht bei Seelow und Umgebung sowie des Einmarsches der Roten Armee in das Gebiet des Oderbruchs zu erkennen. Daneben die Zeugnisse der preußischen Bemühungen, den Menschen Ackerland zum Überleben zu gewinnen, und danach die Zerstörungen der Schlösser und Güter, der sogenannten „Feudalstrukturen" durch die DDR, auch eine Kriegsfolge, die vieles verfallen ließ. Der Krieg hatte für eine lange Zeit alles wieder verspielt: In Anlehnung an ein Zitat von Wolf Biermann:

Wir müssen die Vergangenheit kennen,
damit wir die Gegenwart anerkennen
und die Zukunft meistern können.

Zeichen von Frieden und Völkerverständigung sind jetzt an der Oder an vielen Orten im Bereich unserer kleinen „Zeitreise" zu finden: ein kontrollfreier Übergang und damit eine problemlose Einreise nach Swinemünde, von dort eine Schiffsverbindung nach Stettin mit freundlicher, aber ob der noch ungewohnten Situation vorsichtiger Stadtführung, weiter oderaufwärts eine Fähre zwischen zwei Dörfern über die Oder, und auf beiden Seiten sind Polen und Deutsche in irgendwelchen Geschäften unterwegs.

„Wollen Sie die Heimat Ihrer Vorfahren besuchen?", wird man im Bus nach Swinemünde von Mitfahrenden gefragt. Und an einer Schautafel an den Seelower Höhen stehen ältere Menschen, die ihren Kindern zeigen, wo sie früher gewohnt haben. Und in dieser Zeit sind junge Leute, unsere Enkel, zu einem Schüleraustausch z. B. in Posen/Posznan, nicht weit weg von dem Überfahrtsort der kleinen Fähre. Auf dem Golm befindet sich jetzt eine Jugendbegegnungs- und Bildungsstätte des Volksbundes Deutsche Kriegsgräberfürsorge e.V. in der Nähe der Kriegsgräberstätte.

„Die Soldatengräber sind die großen Prediger des Friedens." (Albert Schweitzer).

In viele Seelen der Menschen, die damals Kinder waren, haben sich Erlebnisse dieses vergangenen Krieges tief eingegraben. Sie sind die letzten Zeitzeugen.

Prolog

Ich genieße einen Ausflug aufs Land und eine Rast in einem Dorfgasthaus. Da geht die Sirene los! Es ist 12 Uhr mittags. Hier wird offenbar noch das dörfliche Ritual des „Mittagsläutens" gepflegt: Zu Mittag wurden, als es diese Arbeitsabläufe auf dem Lande noch gab, die Landleute vom Feld zum Essen gerufen, welches die alten Frauen indessen gekocht und in großen Kübeln an den Rand des Feldes geschafft hatten. Oder die Bauern und ihre Erntehelfer trafen sich zur Mittagsrast auf dem Hof. Eine schöne und sinnvolle Sitte früher.

Dafür befand sich auf manchem Scheunendach ein kleines Türmchen mit einer Glocke darin. In diesem Dorf aber wird noch die auf dem Dach des „Spritzenhauses" montierte Sirene aus dem Zweiten Weltkrieg zum „Zwölfuhrläuten" benutzt, die einmal eine ganz andere Aufgabe hatte. Oder ist es der routinemäßige Probealarm des Katastrophenschutzes?

Ich schrecke zusammen, weil ich diese durchdringenden Töne kenne. Ich war ein Kind, und die Sirenen kündigten in abgestuften Heultönen das Herannahen der feindlichen Bomberverbände an. Ich lebte damals mit meiner Familie in einer kleinen Landstadt, in die wir vor den ersten Bombenangriffen auf Berlin 1940 (die Rache Churchills für Coventry) geflohen waren. Es war nicht immer sicher, ob die Flugzeuge weiter über unsere Stadt nach Berlin flogen oder ob sie ihre todbringende Last schon über uns abluden. Das taten sie z. B. 1943, als am hellen Tage mittags unser Bahnhof (und zeitgleich viele Bahnhöfe in Norddeutschland) bombardiert wurde. Es gab große Zerstörungen und Verluste, viele Verletzte und mindestens 200 Tote, darunter auch Schüler meiner Schule. Unterrichts- und Geschäftsschluss waren gerade, und viele Menschen strömten zum Bahnhof, um nach Hause zu fahren.

Davor und auch später wurden die Draht- und die Pumpenfabrik bombardiert, in denen jetzt „kriegswichtiges Material", Munition, hergestellt wurde, und in denen tausende Fremdarbeiterinnen und hierher verlegte KZ-Insassinnen unter schlimmsten Bedingungen arbeiteten. Das erfuhr ich aber erst später.

Wir saßen tage- und nächtelang im zum Luftschutzraum umgebauten Keller unseres Hauses, und ich erschrak jedes Mal fürchterlich ob des Krachens um uns herum. Das Schlimmste war, als eines Tages der Schornstein unseres Hauses einstürzte und mit seinem Geröll den Ausgang nach draußen verlegte. Wie und wann wir herauskamen, weiß ich gar nicht mehr. Blockierte Erinnerung? In der Nähe unseres Hauses waren dann viele neue Bombentrichter entstanden, Fehlabwürfe, die uns zum Glück verschont hatten. Wir Kinder haben sie dann zum Baden und Schlittschuhlaufen zweckentfremdet. Unser ehemaliger Luftschutzkeller ist übrigens heute noch, wie damals alle solche Keller, deutlich sichtbar mit einem weißen Pfeil markiert!

Ich erinnere mich auch, es ist wie heute, an das Herabflattern von „Lametta" an strahlend hellen Sonnentagen, die der Radarabwehr dienten, und hoch oben am Himmel an das ebenfalls silbrige Glitzern der Flugzeuge. Unheimlich-schön! Aber das bedrohliche Brummen der Bomberflugzeuggeschwader hoch über mir hat, ebenso wie die Sirenen, eine bleibende Erinnerungsspur hinterlassen. Als im „Golfkrieg" 1988 über meinen damaligen Wohnort die von einem norddeutschen Flugplatz gen Irak startenden Flugzeuge nachts über uns hinwegdröhnten, war ich plötzlich stark beunruhigt. Dasselbe wurde mir in dieser Zeit von anderen Menschen erzählt, die ähnliche Kriegserinnerungen hatten.

Ich habe den weiteren Zweiten Weltkrieg dann in der kleinen Landstadt einigermaßen gut überstanden, wenn man von Flüchtlingsströmen, die durch die Stadt zogen oder blieben, Grenz- und Besatzungsproblemen, Mangelversorgung und Vaterabwesenheit absieht, die ein kleines Kind schon ängstigen.

Unter der oft langen Abwesenheit meines Vaters habe ich allerdings gelitten, und er hat uns natürlich auch sehr vermisst. Ein einziger „Feldpostbrief", abgesandt (und empfangen) nur unter einer anonymen Nummer irgendwo tief in Russland, blieb erhalten. Die anderen nahm die amerikanische Besatzung mit. „...Meine Kur ist *endlich bewilligt worden. Und gerade jetzt, wo ich Aussicht habe, Euch einmal wieder zu sehen (vielleicht in einem Monat), habe ich unbändige Sehnsucht nach Euch. Wie groß die Kinder auf dem Foto, das Du mir mitschicktest, schon sind! Der U. sieht recht forsch in die Welt, als ob er sich bestimmt nicht an die Seite drücken lassen wird im Leben. Hoffentlich muss er seine Forschheit nicht einmal in einem Krieg beweisen!....D. und A. sind schon große Mädchen! Wenn wir bei diesem herrlichen Wetter doch alle einmal zusammen wieder nach Niephagen fahren und uns über die Laubfärbung freuen könnten! Wie gut, dass wir nicht voraus sehen konnten und können! Ich werde ja aber bestimmt bald kommen!"*

Er wäre beinahe nicht wiedergekommen. Beim Operieren (er war als junger Arzt vorn an der Front in einem Feldlazarett eingesetzt worden) hätte ihn die Kugel in den Bauch getroffen, wenn er nicht gerade seinen Ellbogen davor gehalten hätte. Das war 1943. Die Kur sollte den Arm wieder funktionsfähig machen.

Dies wusste ich, aber ich habe ihn über so vieles andere, was er möglicherweise erlebt hat, wie er diesen Krieg erlebt hat, nicht gefragt. (Fast) keiner hat gefragt, und (fast) keiner hat erzählt. Nur kurz vor seinem Tod quälte ihn eine Erinnerung: Er konnte einen Kameraden nicht aus dem Schussfeld holen und ihn versorgen, damals in Russland.

Sicher erlebe ich heute bei meinen durch bestimmte Signale gebahnten Erinnerungen keine traumatischen „Flashbacks". Es sind aber tief eingegrabene „Erinnerungsspuren". So wie mir geht es vielen Menschen meiner Altersgruppe, viele von ihnen haben solche individuelle „Erinnerungsspuren" in ihrer Seele bewahrt, abrufbar sofort durch ein entsprechendes Signal. Andere aber sind tief traumatisiert. Es handelt sich um die Bevölkerungsgruppe, die etwa in den Jahren 1930 bis 1947 geboren wurde und die heute übereinstimmend als die „Kriegskindergeneration" bezeichnet wird. Sie haben den Zweiten Weltkrieg als Kinder erlebt, sind in ihm groß geworden oder wurden in ihn hineingeboren, aber fast alle erlebten ihn hilflos und als nicht selbstständig Handelnde. Aufgrund meiner Erfahrungen in den „Kriegskind-

Seminaren" schließe ich mich jedoch der nachfolgend genannten Ausweitung der Geburtsjahrgänge an, denn ich habe Betroffene kennengelernt, z. B. damals 15-jährige und 16-jährige Soldaten oder als Baby schwer Traumatisierte. Ich bin ein „Kriegskind" des Jahrgangs 1937.

Die Konzentration auf die unten genannten Geburtsjahrgänge ist Erfahrungs- und Forschungswerten geschuldet. Ein erster großer internationaler Kongress – „Die Generation der Kriegskinder und ihre Botschaft für Europa sechzig Jahre nach Kriegsende" – im April 2005 an der Johann Wolfgang Goethe-Universität in Frankfurt am Main u. a. mit Hartmut Radebold, Margarete Mitscherlich und Sabine Bode hat den Kreis der betroffenen Kinder auf die Jahre der zwischen 1928 und 1948 Geborenen ausgeweitet. Er wollte auf deren kriegsbedingte und lebenslang bestehende psychische, soziale und körperliche Schäden durch die Forschungsergebnisse vieler Fachleute aufmerksam machen. „Auch wenn die Waffen schweigen, reichen die Schatten des Krieges noch weit in die menschlichen Leben hinein".

Die Erinnerungen der Kinder

Warum die Kinder und warum jetzt?

Vor ein bis zwei Generationen herrschte die Auffassung, dass vor allem kleine Kinder vieles an Gefahren, Bedrohungen und an Leid um sie herum nicht spüren. Man glaubte, wenn sie sich nur in etwa altersgerecht entwickelten, einigermaßen gesund waren und sich auch unauffällig verhielten, sei alles in Ordnung mit ihnen.

Aber René Spitz hat 1967 die frühe Entwicklung von Kindern untersucht und ist zu dem Ergebnis gekommen, dass für die erste Entwicklungsphase, die sensorische oder intentionale Phase, das seelisch-klimatische Erleben im Zusammensein mit der Mutter (oder ersatzweise einer anderen ersten Kontaktperson) wichtig ist. Es ist die ganzheitliche Wahrnehmung, die primäre Liebe, die intentionale Zuwendung, die für die gesunde Entwicklung und den Übergang in die nächste, die orale Phase, entscheidend ist. Eine Störung in dieser ersten Phase, z. B. durch frühe Trennungen oder auch bei schlimmen Erlebnissen der Mutter, wenn die soziologische Geborgenheit nicht mehr gegeben ist, verursacht Sozialisierungs- und Beziehungsstörungen. Das Kleinkind zieht seine Kontaktfühler zurück und verfällt in gleichgültige Leere. So ist zu erklären, dass schon Kinder im Mutterleib oder als Säuglinge (daher die Einbeziehung auch der späteren Geburtsjahrgänge in Untersuchungen und Betrachtungen) von Kriegserlebnissen beeinflusst werden.

Anna Freud hat 1949 Kriegskinder in London untersucht und gefunden, dass kleine Kinder unter der Anleitung und dem Einfluss der Eltern unbesorgt in Kriegssituationen sind. Fehlen oder leiden die Eltern (oder ein Elternteil), dann reagieren ihre Kinder mit Unruhe und Panik.

Eine junge Mutter, hochschwanger, gerät in einer kleinen Stadt in Bayern auf dem Weg ins Krankenhaus im April 1945 in die Einnahmekämpfe der Amerikaner. Alles, was sich bewegt, wird mit Tiefffliegern beschossen, so auch sie. Sie wird von Anwohnern in einen Keller gezogen, kann am anderen Tag ihren Weg in das Krankenhaus fortsetzen. Hier wird unter vehementem Beschuss der Amerikaner der Sohn geboren. Die Mutter hat alles unbeschadet überstanden, aber der Junge und spätere Mann ist, unüblich in der Familie, hibbelig, reizbar, sprunghaft, unausgeglichen. „Den hat es damals erwischt", wird in der Familie gesagt.

Als weiteres eindrucksvolles Beispiel möchte ich die Geschichte eines 1939 geborenen „Kriegskindes" erzählen:

Der Mann wurde im östlichen Ostpreußen an der Grenze zu Litauen geboren, die Mutter war Deutsche, der Vater Litauer. In diesem Gebiet, dem Memelland, herrschte nach jahrelangen vorhergehenden Querelen mit wechselnden Verwaltungen bereits seit 1938 das „Klima": Für Deutschland zurückholen! So wechselten die verunsicherten Eltern von einer Seite zur anderen. Verhaftungen des Vaters mit Verhören, Massenflucht der Deutschen und schließlich Kriegsbeginn verursachten bei der noch jungen hilflosen Mutter, die sich tagelang in ihrem Bett verkroch, das Baby in einem Federbett nahe bei sich, Panik und blanke Angst. Diese Symptome wurden durch das Herzklopfen der Mutter auf das Kind übertragen. 1940 Ausbürgerungsantrag nach Deutschland, überfüllter Bahnhof, Lagerleben viele Monate, Flucht in den deutschsprachigen Teil Polens, Erleben der Bombardierung von Stettin, weiteres Herumirren. Dies alles sind später lückenhafte Erzählungen der Mutter, die bei dem Mann noch heute spürbare intensive Angst verursachen, mitteilbar nur über Bilder, die er nach seinen Gefühlen malt. Er litt an Essstörungen und einem lebenslangen sich Fremdfühlen. Als er später in der Schule versuchte, seine Geschichte in einem Aufsatz darzustellen, bekam er eine Vier und den Tadel: Wie kommst Du dazu!

Ein weiteres Beispiel:

Ein 1946 Geborener hatte die Flucht aus Westpreußen mit seiner Mutter vor den herannahenden Russen gut geschafft, sie blieben dann in Mecklenburg an der Ostseeküste „hängen". An diese Zeit hat der Mann gute Erinnerungen, es sei eine friedliche Zeit gewesen. Als dann der Vater im Frühsommer 1948 aus russischer Gefangenschaft nach Westdeutschland entlassen wurde, wollten Mutter und Sohn – das Rote Kreuz hatte den Kontakt hergestellt – zu ihm. So begann eine zweite Flucht eines Nachts über Berlin Richtung Grenze. Aber an diese Nacht hat er keinerlei Erinnerung, sie ist für ihn noch heute wie ausgelöscht und nur mit einem Gefühl von etwas Schrecklichem gefüllt. Als beide dann in Berlin „irgendwie" ankamen, erschreckte sich das Kind sehr über die Trümmerwüsten dort, die Enge der Menschen in ihrem Quartier, ihr Schreien. Er brach lebensbedrohlich erkrankt zusammen und hatte danach wiederum keine Erinnerungen an die weitere Flucht über die „grüne Grenze". In einem Dorf in der Nähe wartete dann sein Vater, ein „Kriegsvater", der sich bald mit Prügeln an ihm abreagierte, wohl aus Enttäuschung über seinen schwächlichen Sohn.

Noch immer leidet er unter einer schweren Depression und massiver Vitalitätseinschränkung sowie an einem Nicht-Erinnerungsvermögen. Er meint heute, dass er wohl die Vergewaltigung seiner Mutter mit ansehen musste. Von herumstreifenden Russen wurde in diesen ersten Jahren nach dem Kriegsende viel berichtet. Seine Mutter hat nie mit ihm darüber gesprochen.

Es wurden in der Bundesrepublik zwar die Nazizeit, die Judenverfolgung und der Holocaust untersucht und erforscht. Fast niemand hat jedoch diejenigen befragt, die damals Kinder waren in diesem schrecklichen Krieg. Sie sind weitgehend alleingelassen worden nach dem Krieg. Wie haben sie den Krieg und seine Folgen erlebt, welche Auswirkungen hat er auf sie gehabt? Die „Kriegskinder" wissen andererseits meist auch nicht, was ihre Väter im Krieg und was ihre Mütter auf der Flucht und in den bombardierten Städten erlebt haben. Die Eltern haben geschwiegen, alle haben geschwiegen. Die ganze deutsche Nation hat geschwiegen, verdrängt, kollektiv „ausgeblendet". Die Erlebnisse der Kinder fanden keine Beachtung.

Von der amerikanischen Korrespondentin Martha Gellhorn und von der deutschen Journalistin Margret Boveri wurde zwar bald nach dem Krieg 1945 von Klagen über das erlittene Leid berichtet, aber nur, soweit sie Erwachsene betrafen. Bald dominierte überwiegend das große „Schweigen" über die selbst erlittenen oder auch selbst verursachten Kriegsgreuel.

Hans Rothe schreibt in seiner Einführung zu dem Buch „Frauen in Königsberg" 1999, als er das sachliche und distanzierte Mitteilen der fürchterlichen Erlebnisse der Mutter von einer seinerzeit 12-jährigen Tochter feststellt: „Was H. geschrieben hat, und vor ihr viele andere, harrt weiter der Aufarbeitung und verstehenden Darstellung. Da es die nicht gab, können diejenigen, die das erlebt haben, es nicht anders wiedergeben (...) Zu lange, im Grunde seit dem Krieg, leben die Deutschen in ihrer Mehrheit von Leidensverweigerung. Ein fremdes vorgefertigtes Leid, das von außen als Schuld ihnen vorgelegt wurde, haben sie wie eine Fertigware genommen (...) Es hängt wohl diese Gewöhnung an eine Schuld, die man sehr häufig nicht versteht, und die Abneigung gegen ein Schicksal, das man nicht gehabt haben möchte, irgendwie zusammen".

Eine erste und einzige Untersuchung 1952 an einer Gruppe von Schulanfängern und Schulentlassenen sowie einer Teilgruppe von Flüchtlingskindern (Coerper et al. 1954) stellte eine ungestörte psychosoziale und körperliche Entwicklung fest, die als große Adaptationsleistung bei insgesamt weitgehend ungestörter Entwicklung gewertet wurde Es wird heute aber rückwirkend vermutet, dass diese Kinder aufgrund des damals erlebten massenhaften Leides dieses und auch ihr eigenes Leid als „normal" einstuften und aufgrund ihrer Erziehung „funktionierten". In Wirklichkeit handelte es sich um eine pathologische Normalität, die nur um den Preis eines hohen Maßes an Verdrängung aufrechterhalten werden konnte und durch das Massenerleben relativiert wurde. Bestimmte Belastungen hatten in dieser Zeit einen fast normativen Charakter, und das gemeinsam geteilte Schicksal übernahm die Funktion einer sozialen Unterstützung. Wie tief sie seelisch traumatisiert sind, zeigt sich manchmal erst später nach einem Zusammenbruch, z. B. nach einem Herzinfarkt, der für diese Entwicklung ein typisches Symptom ist, oder wenn der Mensch alt wird und verdrängte Erinnerungen wach werden.

So wurde diese Sichtweise lange Zeit beibehalten und die „Kriegskinder", wie man sie heute nennt, fanden im Nachkriegsdeutschland keine weitere Beachtung. Sie funktionierten, leisteten, waren tüchtig und haben zusammen mit ihren Eltern, später allein, Deutschland wieder aufgebaut. Es gab ja so viel zu tun damals und auch so viele andere Probleme, wie der bald alles dominierende „Kalte Krieg". Und die Kinder des Zweiten Weltkrieges selbst waren sich ihrer Leiden auch nicht immer bewusst. Es war eben alles so normal, was sie erlebten, und es musste ja weitergehen. Andere hatten es schlimmer. So verschlossen sie alles, was sie an schlimmen Erlebnissen hatten, tief in sich oder spalteten es ab von ihrer Person und freuten sich über ein Stück Kuchen oder ein neues Kleid. Sie haben meist auch untereinander nicht gesprochen, sich ihre Erlebnisse nicht erzählt. In den davongekommenen Familien wurde erwartet, dass die Kinder keine Schwierigkeiten machten, brav waren, sich anpassten („Nimm Dich zusammen!", „Stell Dich nicht so an!").

Erst Ende der 80er und 90er Jahre rückten Kriegskindheiten wieder in den Blickpunkt der Öffentlichkeit, als erste Darstellungen des Kriegsthemas veröffentlicht wurden, als 1993 und 1999 Walter Kempowski seine Biografiensammlungen „Echolot I und II", als 2002 Jörg Friedrich seine Untersuchung über die englischen und amerikanischen Bombenangriffe auf Deutschland in „Der Brand" und im selben Jahr Günther Grass seine Novelle „Im Krebsgang" über den Untergang des Flüchtlingsschiffs „Gustloff" veröffentlichten, schließlich psycho-soziale Untersuchungen erschienen: 2000 Radebold „Abwesende Väter",

2003 Ermann „Münchner Kriegskindheits-Studie", 2005 Radebold et al. „Kriegskindheiten", 2005 Bode „Die vergessene Generation" u.a. Das löste eine Welle an Erinnerungen aus. Erst jetzt trauen wir, die Deutschen, uns, nicht nur an unsere Schuld und Scham ob des von uns begonnenen Krieges zu denken, sondern auch an das Erleben der Zivilbevölkerung, der Kinder. Denn beides kann anerkannt und betrauert werden.

Bahnbrechend für das Umdenken der Deutschen war die berühmte Rede des damaligen Bundespräsidenten Richard von Weizsäcker im Plenarsaal des Bonner Bundestages am 8. Mai 1985. Er sagte, dass die Deutschen jetzt 40 Jahre nach dem Ende des Zweiten Weltkrieges und des Holocaust der Wahrheit ins Gesicht sehen müssten, dass jeder hatte miterleben können, was die jüdischen Mitbürger erleiden mussten, dass es zu Flucht und Vertreibung aus den Ostgebieten ohne Hitlers Krieg nicht gekommen wäre, und dass der 8. Mai 1945 ein Tag der Befreiung gewesen war.

Wenn ich jetzt an das Erleben der „Kriegskinder" des Zweiten Weltkrieges erinnere, möchte ich natürlich nicht die Wurzeln dieser Leiden, die Naziherrschaft mit ihrer mörderischen und eroberungssüchtigen Ideologie, mit der sie fast die ganze Welt mit Krieg überzog, vergessen zu erwähnen, auch wenn die hier jedoch nicht das Thema sein soll. Gerade heute versuchen rechtsradikale Kreise, die Folgen der Naziherrschaft und das Leid der deutschen Zivilbevölkerung voneinander zu trennen. Vielmehr missbrauchen sie es zu neuer Hetze gegenüber den ehemals kriegsbeteiligten Ländern. An diesen Zusammenhang muss man erinnern. Denn als die deutschen Kinder noch Krieg spielten und sich nicht vorstellen konnten, was ihre Väter bei ihrem Einzug in die Nachbarländer anrichteten, erlitt die Zivilbevölkerung dort, besonders die Kinder (z. B. in Polen), schon unsägliches Kriegsleid.

„Das Erlebte und Erlittene muss benannt und begriffen werden, damit wir es loswerden. Denn der Streit um die Zukunft eines Landes wird immer auch entschieden durch die wahrhafte Darstellung der Vergangenheit. Wir können nämlich nicht wissen, was wird, wenn wir nicht wissen, was war", sagte Wolf Biermann in seinem Nachruf

für seinen Freund, den Schriftsteller, Psychologen und Dissidenten Jürgen Fuchs. Dieser wurde 1977 nach neun Monaten Haft in der DDR ohne Prozess in den Westen abgeschoben und starb 1999 an den Haftfolgen. Die DDR und ihre Geschichte hatten noch viel mit Krieg und Nachkriegszeit zu tun. Sie hatte die Vergangenheit an das andere Deutschland delegiert und sich selbst allein auf die Tradition der Antifaschisten und Widerstandskämpfer berufen.

„Das Vergangene ist nicht tot; es ist nicht einmal vergangen. Wir trennen es von uns ab und stellen uns fremd", stellt die 1929 geborene Schriftstellerin Christa Wolf ihrer Spurensuche in ihrem Buch „Kindheitsmuster" voran. Sie will darin den jungen Leuten in der DDR die Voraussetzungen für die Machtergreifung Hitlers und den nachfolgenden Krieg darlegen. *„Kein Mensch kann den Wirkungen entgehen oder sich von den Einflüssen trennen, die von seiner Kindheit und Jugend her in sein späteres Leben dringen – auch und gerade, wenn diese Kindheit unter Einflüssen stand und Verhaltensweisen in ihm erzeugt hat, die er am liebsten vergessen und leugnen möchte"*.

Sowohl die DDR als vorher auch Nazideutschland waren Diktaturen, die den Menschen Denken und Verhalten unter Strafandrohung bei Nichtmitmachen aufzwangen: durch ideologische Beeinflussung, Angsterzeugung und Appell an die niedrigsten Instinkte. Jeweilige „Täterschaft" der Elterngeneration muss deshalb sehr differenziert betrachtet werden.

Ich selbst, die ich in der DDR aufgewachsen bin, erinnere mich aus meinen jungen Jahren an eine nahezu völlige Unwissenheit und Unbekümmertheit, was unsere jüngste Geschichte betraf, besonders, da auch die Elterngeneration nicht sprach. Stand ich doch unter dem Primat des antifaschistischen Mythos. Bei „Kriegskindern" in der frühen Bundesrepublik hingegen erlebte ich später, als ich für dieses Thema sensibilisiert war, das Gefühl, selbst auch schuld zu sein an den Verbrechen des Naziregimes der Elterngeneration und sich um Wiedergutmachung bemühen zu müssen. Eine transgenerationale Übertragung ebenfalls durch Nichtsprechen.

Erst die Ostöffnung mit dem Fall der Berliner Mauer 1989 hat dann viel dazu beigetragen, dass in der ehemaligen DDR, in den

Ostgebieten, in Polen und Russland durch Archivöffnungen, Reisemöglichkeiten und viele neue Kontaktmöglichkeiten das Schicksal der Zivilbevölkerung, auch besonders der Kinder („Wolfskinder", Waisenhausbewohner), teilweise aufgeklärt werden kann. Einige Historiker sagen, dass in der ehemaligen DDR mit dem Mauerfall erst der Zweite Weltkrieg zu Ende gegangen ist.

Wir können das Erlebte durch Erinnern und Benennen natürlich nicht endgültig loswerden, nicht ungeschehen machen. Aber wir können unsere Angst und den Druck mindern und uns manchmal dadurch entlasten, Traumen verringern und die transgenerationale Weitergabe (s. u.) verhindern.

Wir müssen uns erinnern, weil wir „Kriegskinder" nun bald die letzten Zeitzeugen sind. Wir müssen die Erinnerungen weitergeben an die heute junge Generation, damit sie weiß und nicht vergisst, wie es einmal war. Hier bekommen die „Kriegskinder" das Wort, das sie bisher meist nicht hatten. Und erfahrungsgemäß hören die Menschen auf das Erzählte, auf das selbst Erlebte und Berichtete viel aufmerksamer und interessierter, als wenn sie es lesen müssen.

Mit meinen Darstellungen kann ich mich indessen auf viele Untersuchungen der letzten Jahre beziehen, als die „Kriegskindergeneration" zunehmend in den Mittelpunkt des Betrachtens rückte, besonders auf die von Hartmut Radebold und Mitarbeitern sowie auf die Veröffentlichungen von Sabine Bode und anderen.

Psychotherapie, der Krieg in den Biografien der Patienten und in ihrem Inneren

Dass oft erst seit dieser Zeit, wie im vorangegangenen Kapitel dargestellt wurde, auch in den psychotherapeutisch-analytischen Behandlungen Kriegserlebnisse und -traumen bei den Patienten wahrgenommen werden, bestätigt den fast normalen Charakter des Massenschicksals Krieg und Vertreibung der damaligen Patientengeneration, der ersten und zweiten Generation. In fast jeder Biografie müssen sich traumatische Erlebnisse befunden haben, die nicht beachtet, auch nicht mitgeteilt wurden, von Ausnahmen abgesehen. Selbst ein Psychoanalytiker wie Michael Ermann, ein 1943 in Bombennächten in Stettin geborenes „Kriegskind", begriff erst in den letzten Jahren trotz langer Selbstanalyse seine Kriegskindbiografie. Diese „Entdeckung" hat sein Interesse an den Biografien besonders der Gleichaltrigen geweckt und führte zu einem Studienprojekt.

Die erste Generation lebt nun meist nicht mehr, und in den Blickwinkel der Therapeuten schieben sich jetzt die „Kriegskinder", diese jedoch meist erst in den mittleren bis späteren Lebensjahren, wohingegen deren Kinder, die „Kriegsenkel", sich schon eher in jüngeren Jahren einer Therapie unterziehen. Dieses Verhalten hat meiner Beobachtung nach mit dem Krankheits- und Leidensbewusstsein der einzelnen Generationen zu tun, auch mit dem Leidensbewusstsein der Kriegserlebnisse. Haben die Eltern meist lange gewartet, ehe sie einen Arzt aufsuchten, psychische Störungen als nicht existent angesehen, sind wir „Kriegskinder" zwar „hart im Nehmen" (hörten wir doch: „Stell Dich nicht so an"), nehmen dann aber doch aus Sicherheitsbedürfnis Vorsorge und ärztliche Ratschläge an. Auch suchen wir in den höheren Lebensaltern schon mal einen Psychotherapeuten auf.

Denn oft erst um das Rentenalter herum wird uns „Kriegskindern" bewusst, dass unsere Kindheit nicht immer schön war, dass wir manchmal auch schlimme Erlebnisse in uns vergraben haben, die nun erinnert und „abgelegt" werden sollten. Sie beschäftigen uns nämlich mehr, als uns lieb ist. Manchmal benötigen wir dazu therapeutische Hilfe, besonders, wenn es sich um Symptome verdrängter Traumen handelt.

Psychotherapie bei den nun meist alten „Kriegskindern" findet jedoch nicht immer Förderung und Akzeptanz, was an den oft abgelehnten Therapieanträgen wegen zu hohen Alters abzulesen ist. So fanden die „Kriegskinder" schon im Nachkriegsdeutschland kein Gehör, jetzt aber auch vielfach keine Hilfe, obgleich sich die Sichtweise der Therapiefähigkeit des Alters geändert hat. Hartmut Radebold z. B. hat sich auf Alterspsychotherapie spezialisiert. Aber vielen Kriegskindern kann man nicht mehr helfen.

Die therapeutischen Angebote können mit den verschiedensten Methoden helfen, das Trauma zu überwinden und zu einem befriedigenden Alter zu finden. Es gibt unter den Psychotherapeuten indessen speziell für Trauma-Behandlung ausgebildete Fachleute, die z. B. außer mit den klassisch analytischen und tiefenpsychologischen Methoden mit Visualisierungen, Malen, mit Bildbeschreibungen und -betrachtungen, Beschäftigung mit den eigenen und den kollektiven Symbolbildungen in Gruppen- und Einzeltherapien behandeln. Wichtig ist, Erinnerungen in Sprache umzusetzen. Der Traumaforschung nach kann die Sprachregion in der Hirnrinde gestört sein, während das Sehzentrum weiter aktiv ist und manchmal regelrecht Bilder „feuert". Wir kennen den Begriff der „Sprachlosigkeit", „die Sprache verloren haben", und es gibt Traumatisierte, die lange Zeit nicht sprechen (-können). So wird gemeinsam über das so schrecklich Widerfahrene gesprochen und auch gemeinsam getrauert, hilfreich nach der Ursache geforscht und so meist das Trauma aufgelöst. Die Therapie muss jedoch immer sehr sensibel der Schwere des Traumas angepasst werden, sonst richtet sie eher weiteren Schaden als Nutzen an.

In meiner Praxis als Psychotherapeutin habe auch ich anfangs die Erfahrung gemacht, dass Kriegsschicksale meiner Patienten eher selten, wenn dann sehr spät oder meist gar nicht mitgeteilt wurden. Vielleicht war auch mir selbst die manchmal verschlüsselte Botschaft des Kriegstraumas nicht erkennbar, war mir mein eigenes „Kriegskind-Erleben" und das meiner Generation nicht bewusst. Das änderte sich Ende der 80er, Anfang der 90er Jahre, als Veröffentlichungen den Blick auf das Erleben der Kinder im Krieg richteten.

Dem biografischen Wandel entsprechend kamen anfangs überwiegend Vertreter der Elterngeneration (1.Generation) in die Therapie, später dann mit meinem eigenen Älterwerden meine, die 2. Generation, und jetzt die Enkelgeneration, die 3.Generation. Ich bearbeite jetzt die Kriegs- und Fluchterlebnisse der Eltern und Großeltern meiner jungen Patienten viel aufmerksamer und sorgfältiger, um an ihre eigenen Traumen heranzukommen.

Ich erinnere mich an einen Soldaten, 1940 geboren, der wegen Problemen mit seiner Arbeit als Bundeswehrsoldat und mit Unbehagen an seinem Kasernenleben zu mir kam. Nach einigen Sitzungen stellte sich heraus, dass er unter der Last, einen „Vaterlandsverräter", einen „Deserteur" als Vater zu haben und damit aufgewachsen zu sein, lebte. Er konnte darüber nicht sprechen, weil er sich schämte, wusste er doch, dass die damalige Ansicht darüber war: Ein Deserteur ist ein Verbrecher. Sein Vater hatte sich als junger Soldat in den letzten Kriegstagen 1945 nach Auflösung seiner Einheit auf eigene Faust Richtung Heimat begeben. Er war aufgegriffen und wegen „Fahnenflucht" erschossen worden. Nach Relativierung dieses „Verbrechens" in der Therapie konnte sich der Mann entlastet fühlen, er verließ die Bundeswehr und widmete sich einem sozialen Beruf, in dem er sich wohl fühlte. Eine Amnestie für Deserteure der Wehrmacht wurde erst 2002 beschlossen.

Eine 1934 geborene Frau, deren Familie fast bis Kriegsende in Breslau lebte, und die bereits hier von einigen Bombenangriffen geängstigt worden war, war mit ihrer Mutter und drei Geschwistern – der Vater war im Krieg – kurz vor Einzug der Russen gerade so eben aus der Stadt mit einem der letzten Züge entkommen. Dieser Zug fuhr jedoch nicht direkt nach Westen, sondern kam nur mühsam über Umwege und vieles Anhalten vorwärts, es schien auch manchmal, als führe er zurück. Die Frau als Älteste musste sich um die Geschwister kümmern und hatte immer Angst, ob die Mutter wieder einsteigt, wenn diese den Zug verließ, um etwas zu essen zu organisieren (was nicht immer gelang). Bei einem Umsteigen wurde sie am Bahnsteig "vergessen", wie sie das Gewühl dabei interpretierte. Und als schließlich kurz vor Ende der Irrfahrt der Vater überraschend zu der Familie stieß, schien dies für die Tochter eine große Erleichterung zu sein. Der Vater war aber nur kurz gekommen, um mitzuteilen, dass er die Familie verlassen wolle. Die Mutter war verzweifelt, brach zusammen und überantwortete der Tochter die Sorge für die Geschwister. Diese übernahm alle Pflichten, tat dies auch später weiter so, versuchte, es der Mutter recht zu machen. Als später ihre eigene Ehe scheiterte, ihr Kind Probleme bekam, überfielen die Frau massive Ängste, Panik und Albträume, sie war zu ihrem Alltagsleben nicht mehr fähig, berichtete über Derealisierungen (Gefühl des Losgelöstseins von der Umgebung), die sie auch schon früher gehabt habe. Die Therapie, aufdeckend analysierend, stützend und mit Kreativelementen wie Visualisierungen unterstützt, konnte nur eine Defektheilung zum Zurechtkommen erreichen.

Nach der "Wende" kam eine damals 61-jährige Arztwitwe (1929 geboren) aus Mecklenburg-Vorpommern zu mir, die außer über die Restriktionen in der DDR, unter denen auch ihre Kinder sehr litten, über ihre beinahe lebenslang bestehenden Beziehungsstörungen klagte. Diese hätten ihre Ehe sehr erschwert, aber sie hätte darüber nie sprechen können. Jetzt wolle sie die Möglichkeit einer Therapie nutzen. Nach einigen Stunden berichtete sie über eine Vergewaltigung durch marodierende Russen 1945, vor denen sie sich nicht rechtzeitig genug verstecken konnte. Die Mutter habe der damals 16-jährigen Tochter gegenüber sehr lapidar gemeint: "Na, hoffentlich wirst Du nicht schwanger!" Die Frau hat dies für sie sehr einschneidende Ereignis immer mit sich herumgetragen, hatte sich beschmutzt gefühlt und seitdem Schwierigkeiten mit Männern. In der Therapie wurde dieses Trauma bearbeitet, sie konnte nun darüber sprechen und versuchen, es abzulegen.

Sich erinnern,
den Schrecken benennen

Wie kann ich, wie können wir, die „Kriegskinder", mit unseren Erinnerungen umgehen, mit unseren „Erinnerungsspuren", die sich melden, wenn es uns manchmal gar nicht gefällt? Der Schrecken, soll er bewältigt werden, muss begriffen und benannt werden. Wir müssen miteinander reden, uns mitteilen und auch anderen das mitteilen, was uns bewegt, was jetzt aus unserem Inneren hochgespült wird.

Es ist jetzt – die meisten unserer Jahrgänge sind im Rentenstand oder kurz davor – die Zeit, sich seinen Erinnerungen, auch den belastenden, zu stellen. Oft macht sich die Vergangenheit von selbst bemerkbar, wenn die identitätsstiftende und zeitfressende Berufstätigkeit wegfällt, und wenn auch durch den Tod der Elterngeneration eine gewisse familiäre Delegation und Rücksichtnahme nicht mehr wirksam ist. Es ist Zeit für Reflexion und Besinnung, denn die Begrenztheit des eigenen Lebens wird bewusst, und wir wissen, dass wir die letzten Zeitzeugen sind. Zwar kann die Reaktivierung früherer traumatischer oder einfach auch nur schreckensvoller Erfahrungen schwirig sein, aber ein Bewusstmachen und damit auch die Möglichkeit zum „Ablegen" ist wichtig, schon, um das Altern und Älterwerden friedlicher gestalten zu können.

Nicht immer hatten die „Kriegskinder" Gelegenheit oder Anlass, über ihr Erleben zu sprechen. Es ist noch gar nicht so lange her, dass Kriegsthemen als lästig und uninteressant, vor allem auch die Nazizeit („ach, schon wieder..."), abgetan wurden. So auch Hans Rothe nach einer ersten Veröffentlichung über Frauen in Königsberg in den 70er Jahren, wo ihm eine gewisse „Erschlaffung des Lesepublikums, das nicht gern an deutschen Dingen leiden möchte..." auffiel. Vielleicht ist es jetzt die andere, neue Sichtweise auch auf die Zivilbevölkerung, auf die Kinder, befreit von der ausschließlichen Schuld- und Schamfrage, die unsere Gesellschaft jetzt aufhorchen, hinhören und hinschauen lässt mit einem neuen Gefühl von Betroffenheit und

Bestürzung. Der Zweite Weltkrieg ist schon so lange vorbei, aber er spukt immer noch in den Seelen der heutigen Rentner, der Eltern und Großeltern, und Kinder und Enkel wissen oft davon nichts!

Wir, die Kriegskindergeneration, müssen unseren Kindern und Enkeln erzählen, was wir erlebt haben, was war. Das Verständnis zwischen den Generationen kann dadurch gefördert werden, nicht nur das Verstehen unserer „Marotten", die wir uns in unserer oft kargen Kindheit angewöhnt haben (schimmeliges Brot aufheben, kein Essen wegwerfen können, alles aufheben, aus allem noch etwas machen können oder wollen).

Wir müssen an unsere Kriegserlebnisse rühren, weil sie uns doch mehr beschäftigen, als wir annehmen, weil sie oft mehr in uns stecken, als wir wahrhaben wollen. Wenn wir schweigen, besteht die Gefahr, dass wir unsere belastenden Erlebnisse und Erfahrungen, unsere Traumen, an die nächste Generation weitergeben, denn das Schweigen ist die stärkste transgenerationelle Beförderung derselben. Deshalb muss die Vergangenheit erinnert, benannt und in Sprache umgesetzt werden und auch betrauert werden, um eine Traumatisierung aufzulösen. Eine Traumatisierung behindert die bewusste Beschäftigung mit ihren Wurzeln und befördert die Weitergabe von verzerrter Wahrnehmung und Erinnerung. Dies soll später ausführlicher dargestellt werden.

Unsere Kriegskindergeneration, die etwa zwischen 1928 und 1948 Geborenen, hat inzwischen ziemlich sicher schon vieles von dem, was wir erlebten, an die nächste Generation weitergegeben, weil wir viel zu lange gebraucht haben, uns zu erinnern und darüber zu sprechen. Es gibt indessen den Forschungsbegriff der „Kriegsenkel" (und u. a. eine Veröffentlichung von Sabine Bode), mit dem auch die Übertragungen der „Kriegskinder" auf ihre Kinder untersucht und beschrieben werden. Wir können natürlich das „große Schweigen" in Deutschland, das sich lähmend über alles legte, was mit dem Zweiten Weltkrieg und auch der Nachkriegszeit, mit der Schuld und Scham der Elterngeneration über den von Deutschland begonnenen und dann verlorenen Krieg zu tun hat, als Erklärung dafür anführen (Ausnahmen natürlich immer ausgenommen). Aber für uns, die wir schuldlos an all dem waren, war dieses Verhalten auch nicht immer zum Besten. Schwere traumatische Erlebnisse mussten oft verdrängt, abgekapselt, aus dem bewussten Erleben eliminiert werden und haben sicher unser späteres Verhalten geprägt.

Das Leiden
der Kinder im Krieg

„Wir haben am meisten Angst vor Bomben und Dunkelheit", sagten palästinensische Kinder in einem Interview für eine deutsche Zeitung 2009, schreckerfüllt und verängstigt. So würden sich auch die Kinder des vergangenen Zweiten Weltkrieges geäußert haben, hätte man sie befragt.

Die Fakten des Zweiten Weltkrieges sind (nach Radebold):
- Jeder achte männliche Deutsche (in den Ostgebieten jeder fünfte) kam ums Leben.
- Mehr als zwei Millionen Zivilisten starben durch Flucht und Vertreibung (mehr als die Hälfte waren Frauen und Kinder).
- Die Gefallenen und Vermissten hinterließen 1,7 Millionen Witwen, 2,5 Millionen Halbwaisen.
- Ein Viertel aller Kinder wuchs nach dem Krieg ohne Vater auf.
- Im Frühjahr 1947 befanden sich noch 2,3 Millionen Kriegsgefangene in den Lagern der Alliierten, 900 000 in sowjetischen Lagern.
- 0,5 Millionen überwiegend Frauen, Kinder und Ältere starben durch den Bombenkrieg. Es starben mehr als 50 Millionen Menschen (darunter rund sechs Millionen Juden) in diesem Krieg.

Kinder litten am meisten unter den häufigen Fliegeralarmen, unter den schrecklichen Bombenangriffen mit Phosphorbrandbomben, die ganze Flammenmeere verursachten und die Wohnungen sowie ganze Städte vernichteten. Oft verloren sie ihre Familienangehörigen, mussten lange Tage im Luftschutzkeller oder Bunker verbringen. Man weiß heute, dass die Schrecken der Bombenangriffe in den oft unzureichenden Kellern weniger schlimm erlebt wurden, wenn eine Bezugsperson, besonders die Mutter, bei dem Kind war. Das wirkte wie ein protektiver Schutzfaktor. Die kleineren Kinder wurden nach den großen Angriffen auf die Städte oft mit ihren Müttern aufs Land in (scheinbar) sichere Gebiete gebracht (evakuiert). Die größeren Kinder

Leonhard D., Jahrgang 1932

[...]

Dann wurde ich ins Gymnasium aufgenommen, das war die Heimschule Kreuzberg in Bischofshofen. Meine Mutter wollte wieder in die Steiermark, aber ich blieb in dieser Schule. Hier gab es eine militärähnliche Erziehung und praktisch keine Freizeit. Ich hatte großes Heimweh. Mir fehlten meine Eltern, wenigstens meine Mutter, sehr (ich war 11/13 Jahre alt, diese fehlende Stütze hat mich sehr geprägt). Ich war gut in Deutsch und Geschichte, aber schlecht in Sport. Und Skilaufen, das sehr wichtig war, konnte ich gar nicht. So war ich nicht gut anerkannt, machte den Klassenclown.

In den Ferien besuchte ich meine Mutter in dem kleinen Dorf in der Steiermark. Unser Haus brannte eines Tages ab, und wir verloren alles. Ich kann mich an ein ukrainisches Mädchen (Zwangsarbeiterin?) erinnern, dem der Brand zugeschoben wurde. Sie wurde von der Gestapo abgeholt und nach Ravensbrück gebracht (weint bei der Erinnerung). Das war Ende 1944.
Wir wohnten dann in einem Kloster, da mein Onkel NS-Standartenführer war und sich um drei Klöster kümmern musste. So ging es uns gut.

[...]

Deutsche Heimschule, Keuzberg in Bischofshofen, 1944

[...]

R ü c k b l i c k auf das abgelaufene Schuljahr :
- -

Die Erschwerung der Kriegslage wirkte sich auch weiterhin auf unsere Anstalt stark aus, jedoch besteht begründete Aussicht, dass ihr in diesem Jahre die 6. Klasse erhalten bleibt infolge Nichteinberufung des Jahrganges 1929 zum Flakhelferdienst. Dagegen bleibt die 8. und 7. Klasse infolge Einberufungen aufgelöst, und 2o Schüler der 6. - 8. Kl. erhalten einen verkürzten Unterricht als Flakhelfer bei ihren Batterien.
Der seitherige Anstaltsleiter Oberstudienrat Dr. Bruneder ist zur Wehrmacht einberufen worden, an seiner Stelle leitet Studienrat Dr. Hochenegger seit 25.7.44 die Anstalt.
Durch Abordnung zweier Studienräte aus dem luftgefährdeten Gebiet ist die Zahl der männlichen Erzieher nunmehr wieder auf insgesamt 7 gestiegen, neben denen wie bisher zwei im Kriegseinsatz stehende Frauen ständig hier unterrichten. Nur für den Musik - und Kunstunterricht macht sich noch ein tageweiser Einsatz von Lehrkräften aus Salzburg nötig.

[...]

mussten mit der ganzen Klasse die weitere Schulzeit außerhalb in Ersatzschulen, oft in den Ostgebieten, verbringen („Kinderlandverschickung" KLV, mit Heimweh und Angst um die Eltern). Diese war zu Anfang des Krieges meist perfekt organisiert, sollte den künftigen Soldatennachwuchs schützen und nationalsozialistisch beeinflussen, wurde im Laufe des Krieges jedoch immer karger und provisorischer bis zur chaotischen Flucht zurück. Die Betreuer flohen womöglich zuerst, und die Kinder waren alleingelassen und auf sich selbst gestellt. Nicht alle schafften die Reise zurück zu den Eltern und in die nun überwiegend bombenzerstörten Städte, aus denen sie gerettet werden sollten.

Die Kinder haben meist nicht realisiert, was passiert ist. Sie haben nur Angst verspürt, die Angst der Erwachsenen, die eigene, die oft dumpf und bedrohlich war. „Die Angst hat zum Leben gehört. Man sprach nicht darüber, aber alle hatten Angst", sagt ein „Kriegskind" in einem Film von Guido Knopp.

Hunger und Armut haben die Kinder und ihre Familien erst in der letzten Kriegszeit, meist jedoch nach 1945 und auf der Flucht erlebt. In den großen zerbombten Städten war die Hungersnot besonders groß, aber auch in den ländlichen Gebieten mussten die Mütter oft „ihr letztes Hemd" bei den Bauern gegen etwas zu Essen eintauschen. Auch Kinder mussten betteln gehen. Und es kursierten die einfallsreichsten Rezepte, um Ersatzlebensmittel und -gerichte zuzubereiten. In der Nachkriegszeit wurde versucht, mit den Lebensmittelkarten die Verteilung und Versorgung mit den wenigen Lebensmitteln zu regeln. Meist reichten sie nicht, so dass die meisten Kinder in dieser Zeit unterernährt waren. Auch die Bekleidung war problematisch, und Versorgungsgüter jeder Art fehlten. Ältere Kinder berichteten, dass sie von den alliierten Besatzern Zigaretten erbettelten, mit diesen handelten und dafür für die hungernde Familie Lebensmittel besorgten.

Die Schrecken von Flucht und Vertreibung aus den Ostgebieten waren für die Kinder besonders belastend. Heimatverlust, Ängste der Mütter vor den herannahenden Russen, die nahende Front ankündigender Kanonendonner, viel zu später Aufbruch in Panik, vollbepackte Treckzüge mit meist unzulänglichen Wagen im tiefen Winter durch

   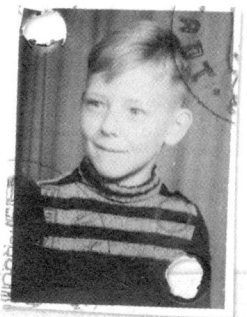

Hans-Helmut K., Jahrgang 1938

[. . .]

Im August 1943 erfolgte die Evakuierung nach Pommern, Heimat meiner Mutter, in die Bäckerei ihres Vaters. Fast friedlich, bis auf einen Luftangriff: ich hatte zusammen mit einem Freund „Kinderwagendienst", ließ diesen aber stehen und flitzte wegen des Alarms sofort ins Haus. Dafür war ich indessen Spezialist. 1944 erste Einschulung mit „Heil Hitler" und Morgengebet.
Im Januar 1945 zogen dann baltische Flüchtlingstrecks durch den Ort, grau, nicht lärmend, mit Pferdewagen, schlafen in unserer Scheune.

Am 1. 3. 1945 beginnt die eigene Flucht, auf dem Bahnhof mit einem Lazarettzug, undramatisch bis Treptow, Wohnort einer Freundin meiner Mutter, Landwirtin. Sie gibt mir eine Teewurst mit, als wir am 4. 3. wieder aufbrechen müssen (Räumungsbefehl). Wir stehen an der Strasse, Schneematsch, Militärfahrzeuge, Trecks. Ein Soldat hält einen Bus an, mürrisch werden wir aufgenommen bis Swinemünde. Weiterfahrt im vollgeferchten Viehwaggon (fast wie im „Dr. Schiwago-Film"), „meine" Teewurst platzte, das rieche ich heute noch.
Die Zugfahrt wird wegen der Tiefliegerangriffe häufig unterbrochen, endet in Wismar. Einquartierung in einem kleinen Vorort. Erneute Einschulung (16. 3. 45), Tiefliegerbeschuss auf dem Schulweg, auf dem Weg zum Bauern (Milchholen).

3. 5. 45 – die Russen haben uns eingeholt. Für uns Kinder ungefährlich, im Gegenteil, uns werden Süßigkeiten zugeworfen, die vielen Fahrzeuge sind interessant, die betrunkenen Russen sind tollpatschig.

Kriegsende – wir fliehen in die britisch besetzte Nachbarschaft und laufen einen Monat weiter Richtung Westen, schlafen nachts in Ställen und Scheunen, müssen Essen erbetteln. Es gibt viel Rote Beete, Durchfall. Ziel: Verwandte im Westen. Siegersoldaten nehmen uns manchmal in ihren Lkw`s mit. Es ist Sommer. Am 12. 6. 45 landen wir in einem Massenquartier (Schule) in Elmshorn, alles verlaust, verwanzt, wir haben Flöhe. Alles muss verbrannt werden, wir entlaust, bekommen ein kleines Zimmer mit einem großen Bett. Himmlisch! 7,5 m !

August 1945, dritte Einschulung. Vierzig Jungen zwischen 8 (2. Klasse) und 14, Heimkinder erscheinen mit Polizeibegleitung (Schäferhunde dabei), sonst reißen sie aus. Keine Schulspeisung, aber Care-Pakete. Zwar exotisch, aber sättigt nicht. Denn in der Stadt gibt es nichts zu essen – das war auf unserer „Wanderschaft" besser. Wir magern ab. Mein Onkel, unser „Wanderungsziel", stirbt. Mein kleiner Bruder (2 Jahre inzwischen) allerdings bekommt Sonderverpflegung, DRK – Diätküche. Ich bin neidisch: Für uns Graupen, Kohlrüben, Schwarzsauer (saure Blutsuppe), Gerüche, die mich bis heute anekeln (wie gekochte Beete, warm) – Fehlernährung, Drüsenkrankheit. Manchmal schenkt mir unsere Vermieterin einen Brotkanten.

September 1945 – mein Vater stößt zu uns, vier Personen in einem Bett! Umzug in zwei Dachkammern bei einem Schlachter mit sog. „Hexe", allerdings Klo auf dem Hof. „Füsse abtreten" – ständige Ermahnung unserer Wirtsleute, mit denen wir uns mit der Zeit anfreundeten. („Tante Anni" durfte ich bald sagen). Meine Eltern waren ununterbrochen beschäftigt: Flicken, Nähen, Reparieren, Aufräppeln und Neustricken, anstehen, besorgen usw. usw. – und ich war immer dabei, mithelfend, wo es ging. Nicht als Pflicht. Auf den Bruder aufpassen war allerdings lästig.

Frühjahr 1946: Kleingarten, Kaninchen. Die Fehlernährung hat ein Ende, aber viele neue Aufgaben (Futter besorgen, Unkraut jäten, Pferdeäpfel sammeln usw.) – aber auch Schmiere stehen, wenn der Vater Kohle und Holz klaute, oder Kohl vom Bauern, oder Holz aus dem Wald. Mein Vater, von einem Baumstamm festgeklemmt, schreit vor Schmerz und schickt mich, den Nachbarn als Befreier zu holen – und ich bin 11 Jahre alt (jung).

Und ein Migrantenkind, denn auf dem Schulhof wird platt gesprochen, ich bin exotisch gekleidet (Hose aus Zeltplanen, Tarnfarbe, Matrosenkäppi, Pullover aus Sackwolle, zerschlissenes, repariertes Schuhwerk – Unterwäsche zum Auslachen), manche Lehrer mochten uns (aus der „Kalten Heimat"), manche glaubten, wir hätten noch Läuse und waren distanziert. Einer von diesen ließ mich vor der Klasse ein plattdeutsches Gedicht vortragen, alles lachte und der lachende Lehrer zitierte ob meines Versagens die letzte Zeile des Gedichtes („ich wollt, es wäre ein Wunder geschehen") in dem Glauben, ich würde seinen Sarkasmus als Kind nicht spüren. Schlimm!

Erst 1952 bekamen wir eine Wohnung, d.h. sechs Jahre hatte dieses Dachbodendasein gedauert, dies Improvisieren, Besorgen, Helfen, Anderssein. Letzteres ist geblieben. Und oft dem Tod entronnen, überlebt.

Eis und Schnee, oft unter Flugzeugbeschuß, Achsbruch der Fluchtfahrzeuge und Liegenbleiben, Sterben von Angehörigen unterwegs, Vergewaltigungen der Frauen und Mädchen, die Flucht über die Ostsee, die „Gustloff". Ganz besonders die viel zu späte Flucht aus Ostpreußen war ein großes Kriegsdrama!

In den letzten Kriegsmonaten und danach zogen viele verwaiste oder verloren gegangene Kinder durch Ostpreußen, versuchten, sich ohne Eltern durchzuschlagen, hungerten, froren, wurden misshandelt und ausgebeutet, und doch war es so auf diese Weise ihre einzige Chance. Ich meine die „Wolfskinder", die nahezu

Käthelore P., Jahrgang 1944

[...]

Am 6.10.1944 brachte unser Vater meine Stiefmutter, meinen Bruder, meine Halbschwester und mich in den letzten Zug, der Neu-Pasua noch verlassen konnte. Die Fahrt über Ungarn nach Wien zog sich über mehrere Tage hin, öfter unterbrochen, weil ein Zugführer – ein Partisan – die Fahrtrichtung umkehrte oder durch Beschuß von oben, der uns in den nächsten Wald oder in ein Maisfeld flüchten ließ.
In Wien wurde der Zug nach Schärding / in Oberösterreich, umgeleitet. Dort wurden

wir in der „Kaiser Franz Joseph" Schule, die als Lager eingerichtet war, untergebracht. Nach Auflösung des Lagers wurde uns ein Zimmer in der Wieningergasse, direkt am Inn, zugeteilt. Bei Fliegeralarm flüchteten wir in den Keller des Hauses, in welchem es entweder Ratten oder Hochwasser gab, oder in einen trockenen Keller in der Nähe unseres Hauses.

Bald besuchte ich den Kindergarten in Schärding, wie schon zuvor auch in Neu-Pasua.

Ab Mai 1945 kam von unserem Vater keinerlei Nachricht mehr aus Jugoslawien. Auch die Pakete mit Nahrung und Kleidung blieben aus, mit denen er uns sehr geholfen hatte.

An meinem siebten Geburtstag brachte mich meine Stiefmutter in eine Schärdinger Familie als Pflegekind, mit dem Ziel der Adoption. Dort kam ich in die zweite Klasse der Mädchenschule. Diese war in der „Kaiser-Franz-Joseph" Schule untergebracht, die ich schon als Lager kennengelernt hatte. Ich wechselte von der evangelischen zur katholischen Religion, wurde katholisch getauft, bekam die Heilige Kommunion und die Firmung.

Wenige Tage nach mir gab meine Stiefmutter meinen damals elfjährigen Bruder als Knecht zu einer Bäuerin auf einen Bauernhof in der Nähe von Schärding. Zwei Jahre danach, kurz bevor die Behörde meinen Bruder „wegen Verwahrlosung" in ein Erziehungsheim bringen wollte, – er hatte der vielen Arbeit wegen keine Schule besuchen können – floh er nach Oberfranken in das „Waisenhaus Siloah" mit Unterstützung des Flüchtlingspfarrers aus der alten Heimat. Dieses Heim hatte unser Großvater im Jahre 1910 in Neu Pasua gegründet. Die Heimleitung, das wenige Personal und alle Kinder sind mit uns im gleichen Zug nach Wien gekommen und haben über den Gustav-Adolf-Verein in Deutschland Aufnahme gefunden.

[...]

Seit der Kindheit im Heim hatte ich mit Gesundheitsproblemen zu kämpfen. Meine Krankheiten wurden teilweise gar nicht behandelt, aufgrund meiner Biografie als „psychosomatisch" eingeordnet (ohne Untersuchung) oder nicht austherapiert. So hatte ich bald mit Folgeerkrankungen zu kämpfen.

[...]

erschütterndsten Kinderschicksale in dieser Zeit. In den Städten Ostpreußens, besonders in Königsberg, wurden als Notlösung zur Unterbringung und Versorgung der vielen elternlosen Kinder Waisenhäuser gegründet, die jedoch nur eine Minimalversorgung leisten konnten. Es waren jedoch segenreiche Einrichtungen, die oft von noch verbliebenen Pfarrern gegründet wurden.

Waisenhäuser wurden dann bald nach Kriegsende in grosser Zahl auch im ehemaligen deutschen Reichsgebiet gegründet.

Eine Freundin, Jahrgang 1940, die ich immer für privilegiert und wohlsituiert durch den Krieg gekommen hielt, erzählte mir erst jetzt, dass sie in den letzten Kriegstagen gerade noch so aus Pommern mit Bruder und Mutter herausgekommen war. Unterwegs erlitten sie dann häufigen Tieffliegerbeschuss, wurden auf Usedom von den Russen überrollt und erlebten viele Überfälle. Sie kamen bis Flensburg, wo die Mutter die Kinder in einem Waisenhaus „deponierte", weil sie meinte, allein besser in die Heimat, das Münsterland, zu kommen, um dort nach dem Rechten zu sehen. In diesem Waisenhaus, das langsam überfüllt wurde mit vielen verwaisten Flüchtlingskindern, herrschten zunehmend schlimme Zustände.

„Wir schliefen zu sechst in einem Bett, ein Mädchen hatte Albträume und machte jede Nacht ins Bett. Ich schwamm mit. Die Schwestern waren über jedes Kind, das starb, froh. Eins weniger. Ich hatte bald alle möglichen Krankheiten und wurde schwer krank. Meine Mutter erfuhr davon. Sie hatte noch über den Krieg ein Röllchen Sulfonamide aufbewahrt, schlug sich nun damit durch und fand mich indessen im Krankenhaus. Sie solle nicht stören, das Kind werde gerade zu einem Engel, wurde ihr beschieden. Meine Mutter drängte sich durch, gab den hocherfreuten Ärzten die Medikamente und rettete mir dadurch das Leben."

Eine perfide Bedrohung der Kinder im Krieg war der Tieffliegerbeschuss, der besonders in den letzten Kriegsmonaten ab 1944 praktiziert wurde. Viele „Kriegskinder" berichten davon, unabhängig davon, ob sie in großen oder kleinen Städten lebten. Es war eine Zermürbungstaktik neben der Bombardierung auch kriegsunwichtiger

Kulturstädte, die große Angst und Schrecken verursachte. Die Vorstellung, dass ein Kind gezielt von solch einer Höllenmaschine wie dem Jagdflugzeug beschossen wird, sprengt alle Horrorvorstellungen und erreicht die Grenze des unvorstellbar Unmenschlichen! Solche Erlebnisse hinterließen tiefe traumatische Spuren bei den Betroffenen („Sie haben auf mich geschossen!")
Ich zitiere aus dem Tagebuch einer Mutter:

„Das Schlimmste für ihn ist der ständige Alarm während seines Schulweges. Neulich war er kurz vor der Schule, da ertönte der Alarm! Er ist den ganzen Weg zurück gerannt. Kaum war er zu Hause – Entwarnung. Wieder zur Schule – kaum war er dort, wieder Alarm! Er erzählte, dass sich vor einigen Tagen alle Kinder platt auf die Erde geworfen hätten, so niedrig kamen die Flieger. Sie schießen auf alles, was sich auf der Erde bewegt."

KarL B., Jahrgang 1934

[...]

1944 ging ich auf das Scharnhorst-Gymnasium in Hildesheim. Ich war Fahrschüler, und der Schulbetrieb wurde durch die ersten Angriffe oft gestört. Es gab dann keine Züge und auch keine Schule für mich. Die Züge wurden auch durch Tiefflieger beschossen. Einmal hatte ich einen Zug verpasst, und gerade der wurde besonders schwer beschossen. Meine Eltern hatten dann Angst um mich und nahmen mich aus der Schule.

Anfangs gab es kleinere Angriffe auf Hildesheim, am 21. 3. 1945 dann gab es den großen Angriff. Ich kann mich an Alu-Flocken erinnern, die auf Derneburg zu flogen von den Spreng- und Brandbomben. Hildesheim war ein einziges Flammenmeer, Verwandte von mir sind dabei umgekommen.

1946 wurde dann in Holle eine sog. "Höhere Privatschule" von Lehrern, die aus dem Krieg gekommen waren und keine Heimat mehr hatten, gegründet. Hier herrschte strenge militärische Zucht. Ab 1950 besuchte ich dann wieder das Gymnasium in Hildesheim. Als Schüler haben wir in den Trümmergrundstücken nebenan geraucht und mit Zigaretten gehandelt.

[...]

Wolfgang M.-J., Jahrgang 1931

[...]

An einem Samstag- es war ein schöner Frühlingstag- heulten die Sirenen: Fliegeralarm! Es war fast 14 h. In dem angrenzenden Heereszeuglager war gerade Schichtwechsel, die Arbeiter waren auf dem Weg zur Arbeit oder von der Arbeit. Als wir nach Westen guckten, sahen wir ein großes Geschwader von Flugzeugen direkt auf uns zukommen. Wir dachten bei uns: "Die fliegen sicher nach Rostock, um die Dornier – Werke zu bombardieren."

Doch plötzlich sahen wir die so genannten „Tannenbäume", Zeichen zum Angriff! Schon trudelten die Bomben, direkt auf uns zu. Wir hatten gerade noch Zeit zu einem Sprung in unsern kleinen Erdbunker.

Als die ersten Bomben einschlugen, bebte die Erde und wir bangten um unser Leben. Aber die Royal Airforce hatte ihr Ziel metergenau errechnet, sodass der Bombenteppich an der Grenze zwischen dem Lager und dem Wald begann. Wir blieben unversehrt, unter den Arbeitern aber, die auf dem Weg waren, gab es hohe Verluste. Es wurde wieder Zeit, die Flucht fortzusetzen und sich erneut auf den Weg Richtung Westen zu machen. Es gelang uns, einen Lkw zu organisieren, der mit Holzgas angetrieben wurde. Wieder einmal luden wir unser Hab und Gut auf die Ladefläche des Anhängers und setzten uns Richtung Schwerin in Bewegung. Mütter und Kinder saßen hinten unter der Plane. Ich habe mich auf das Dach des Fahrerhauses gesetzt, um nach Tiefflieger Ausschau zu halten.

Immer, wenn ich einen entdeckte, stampfte ich auf das Dach, der Fahrer bremste scharf, wir öffneten gemeinsam die Ladeklappe, halfen den Kindern herunter, damit sie möglichst schnell im Straßengraben, hinter Chausseebäumen oder im Wald Schutz suchen konnten. Es war Krieg, und es ging ums Überleben.

Wir hatten gerade Schwerin hinter uns gelassen, da fand unsere Fahrt ein jähes Ende. Der LKW streikte und musste zur Reparatur nach Schwerin zurück. Ich wurde dazu ausersehen, den mit Gepäck voll geladenen Anhänger zu bewachen.

Er stand in einem kleinen Waldstück, durch das sich ein ununterbrochener Strom von Flüchtenden wälzte. Am Waldrand waren Soldaten mit einer 2cm-Flak in Stellung gegangen, um die Tiefflieger zu bekämpfen. Sie konnten nicht verhindern, dass eine Mutter von fünf Kindern erschossen wurde, als sie aus einem Omnibus stieg. Es herrschte ein einziges Chaos: Matrosen fuhren auf den Trittbrettern von LKWs, andere Flüchtlinge waren zu Fuß unterwegs, alles strömte nach Westen. Ständig beschossen die russischen Tiefflieger die Straße, in dem sie einmal von Norden und dann wieder von Süden anflogen .Jedes Mal sprang ich hinter einen Baum im Wald in Deckung. Endlich kam unser Lkw zu mir zurück, und wir konnten unsere Flucht " geordnet" fortsetzen. Bei der anschließenden Fahrt im Dunkeln konnten uns die Tiefflieger nichts mehr anhaben. Gegen Mitternacht kamen wir schließlich in Lübeck –Schlutup an. Unsere Flucht über ca. 450 km war beendet.

[. . .]

Und in den Erinnerungen meines Mannes finde ich:
„*Zunehmend waren zwischen „Voralarm" und „Akuter Alarm" kaum noch Pausen. Einmal sah ich auf dem Heimweg, als schon längst die ersten Detonationen zu hören waren, englische Tiefflieger über uns hinwegbrausen, deren rotweißblaue Kokarde am Rumpf ich genau erkannte, auch sah ich das Gesicht des Piloten in seiner Spitfire. Das Flugzeug schoss auf alles, was sich auf der Straße bewegte. Ein Mann riss mich in den Straßengraben, so dass wir der Geschoßgarbe entkamen. Auf dem Weg nach Hause habe ich einige Geschoßhülsen eingesammelt. Zu Hause angekommen, lief ich gleich in den Keller. Dort saßen die Bewohner unseres Hauses zitternd und bebend, eine Frau betete laut. Meine Mutter und die Großeltern umarmten mich dankbar...Langsam wurde ich zu einem Nervenbündel. Ich merkte mir bei jedem Haus auf dem Schulweg, wo sich der weiße Pfeil befand, der den Weg in den Luftschutzkeller wies. Schon beim ersten Sirenenton verschwand ich in Luftschutzkellern von wildfremden Leuten. Die Angst schnürte mir die Kehle zu, ich musste mich häufig erbrechen."*

Traum Wolfhard W., Jahrgang 1938

Alarm! Sirenen heulen auf. Das Dröhnen von unsichtbaren Bombern ist zu hören. Die Straßen sind leergefegt. Ich will über eine Kreuzung laufen, um in den Keller der gegenüberliegenden Apotheke zu kommen. Ich weiß, in diesem Gebäude sind starke Kellergewölbe, die Schutz versprechen. Doch ich kann nicht. Meine Beine versagen. Die Angst lähmt mich. Endlich gelange ich mit langsamen zähen Schritten in die Apotheke. Ein weißer Pfeil weist mir den Weg. Doch der Einlaß wird mir verwehrt. Die Bombeneinschläge kommen näher. Ich laufe in das nächste Haus. Es geht viele Stufen hinab in einen tiefen Keller. Atemlos stelle ich mich an einen Stützpfeiler. Beim Zusammensturz des Hauses bietet mir diese Rundant etwas mehr Sicherheit. Plötzlich hebt sich der Keller und liegt ungeschützt in der Eingangsebene. Große Löcher in den Wänden geben den Blick auf eine Trümmerlandschaft frei. Das Heulen und Bersten der Bomben höre ich näher kommen. Ich stehe inmitten von verzweifelten und schreienden Menschen. Schweißnaß wache ich auf.

Krimhild H., Jahrgang 1940

[...]

1947 kam mein Vater aus der Gefangenschaft. Bis zu dem Tag hatte ich eine glückliche Kindheit, die Jahre dann waren die Hölle! Meine ersten Prügel bekam ich schon am ersten Abend wegen „Schmatzen" (was ist das?), dann jeden Abend wieder. Er schlug meine Liebe tot! Eines Tages wollte mein Vater, dass wir nach Iserlohn zu seiner Familie ziehen. Meine Mutter ahnte Böses, denn sie kannte die Familie. Sie beriet sich mit dem Pfarrer und einem Anwalt. Dieser sagte ihr, dass nur der Vater den Aufenthaltsort der Kinder bestimmen dürfe. So kam sie mit, denn sie wollte uns nicht im Stich lassen. Und so war sie die Einzige, die uns trösten konnte.
Für die Familie meines Vaters waren wir nur die „Satansbraten" oder die „Teufelsbrut". Mein Vater bemühte sich nicht um Arbeit, er habe in der Gefangenschaft genug gearbeitet. Da wir auch keine Lebensmittelkarten in I. bekamen, hatten wir wenig zu essen.
Meine Einschulung war eine Katastrophe. In I. lernten sie nach dem alten System, und ich konnte gar nichts. Zu allem Unglück stolperte ich auch „über den spitzen Stein", und ich bekam in der Schule zum Abgewöhnen Ohrfeigen. Mein Vater kam auf die Idee, mit mir Schularbeiten machen zu wollen, er interessierte sich aber überhaupt nicht dafür. Sobald ich etwas falsch machte, wurde ich mit dem Teppichklopfer geschlagen. Mein Vater war schon im 1. Weltkrieg Rekrutenausbilder, hatte immer einen „Kommandoton", aber nach dem 2. Weltkrieg habe er sich noch schlimmer verändert.

Am 4. Oktober 1950, ich kann mich genau erinnern, als mein Großvater 90. Geburtstag hatte, machte ich vor ihm in der engen Stube Schularbeiten. Da er immer auf mich einredete, bat ich ihn, mich in Ruhe rechnen zu lassen. Der Opa wurde wütend, und plötzlich kam mein Vater aus dem Nebenzimmer und schlug auf mich ein. Er konnte gar nicht mehr aufhören, und zwei weitere Verwandte beschimpften und schlugen mich („Das hat sie verdient!").

Ich hatte nach 2 Tagen Kopfschmerzen, ging nicht zur Schule, traute mich aber nicht, dies meiner Mutter zu erzählen, da sie immer so viel zu tun hatte. Abends wurde mir dann schwindlig, und ich wurde ins Bett geschickt. Da sah ich am Fenster den „Sensenmann". Jetzt bekam meine Mutter Angst und holte den Arzt, der mich sofort ins Krankenhaus brachte. Dort waren die Ärzte sehr besorgt um mich, da ich offenbar schwer krank war. Nur mit Penicillin, das damals neu war, konnte ich gerettet werden (ich hatte eine Hirnhautentündung). Aber ich musste 6 Wochen im Krankenhaus bleiben, und man versicherte mir, dass ich keine Schläge mehr bekommen würde.

[...]

Auch die langfristige oder dauerhafte Abwesenheit des Vaters (22% der Väter der Kriegskindergeneration sind gefallen!) hat bei den Kindern, oft zusammen mit Ausbombung und Fluchtschicksal, tiefgreifende psychosoziale Schäden verursacht, die oft noch nach 50 Jahren nachweisbar sind. Und wenn die Väter zurückkamen, waren sie durch Krieg und Gefangenschaft oft schwer gezeichnet, belastet, traumati-

Hilde D., Jahrgang 1936

Wir wohnten in Merseburg, einer Stadt zwischen den großen Industrieanlagen Leuna und Buna. Da meine Mutter mit mir und meinem 2 ½ Jahre jüngeren Bruder dort allein war – mein Vater war vom ersten Tag des Krieges an eingezogen –, verbrachten wir häufiger einige Wochen bei den nächsten Angehörigen meiner Eltern. So erlebte ich nicht nur Bombenangriffe in Sachsen sondern auch in Hannover und Berlin.

Ein Beispiel: Ein Sommertag in Hannover. Meine Mutter hatte mit ihren beiden Kindern sowie zwei Söhnen ihrer Schwester von Ahlem aus, wo wir drei uns einquartiert hatten, einen Besuch bei meiner Oma in Westerfeld unternommen. Durch Alarme und Bunkeraufenthalte war dieser viel zu lang und anstrengend für die kleine Kinderschar im Alter von 4 – 8 Jahren geworden. Als meine Mutter auf dem Fußmarsch ab der Straßenbahnendstation Limmer unsere Fragen nach den Stabbrandbomben auf den Feldern entlang des Weges beantworten musste, brachen meine Cousins in Tränen aus. Sie waren davon überzeugt, dass ihr Haus abgebrannt und Mutter und kleiner Bruder getötet worden seien. Welche Erlösung, als sie dann kurze Zeit später im intakten Zuhause in Empfang genommen wurden.

Nicht nur die Bombenangriffe mit den Toten auf den Straßen, den zerstörten und brennenden Häusern und den zum Teil bedrückenden Aufenthalten in Bunkern, Erdstollen oder Kellern verursachten Ängste bei uns Kindern. So gibt es auch diese Erinnerung: Mutter war mit uns Kindern im Schlachterladen, als über den Marktplatz eine Gruppe Menschen unter Bewachung abgeführt wurde. Als meine Mutter das Geschehen als menschenverachtend oder ähnliches kommentierte, sagte die Inhaberin: "Seien Sie froh, dass Sie zwei kleine Kinder haben und Ihr Mann an der Front ist, sonst würde man auch Sie abholen." Von da ab befürchtete ich, dass mein Bruder und ich ganz allein bleiben müssten, weil man meine Mutter einsperren würde.

[...]

siert. Die Kinder mussten dann den für sie so unverständlich veränderten „Kriegsvater" aushalten. Aggressives und unduldsames Verhalten in der Familie, Streit, auch zwischen den Eltern, harte, erbarmungslose Erziehung der Kinder, Depressivität und resigniertes Verhalten ob enttäuschter Erwartungen an das Leben nun im „Frieden", an das Verhalten der Familienmitglieder. Viele Ehen gingen entzwei.

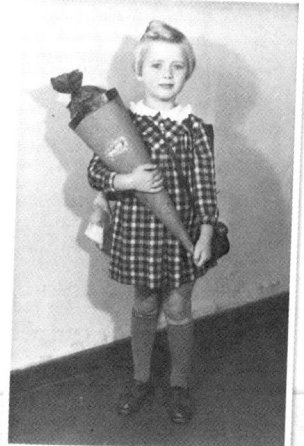

Ursula R., Jahrgang 1937

[...]

Eines Tages war es dann soweit: wir standen in einer langen Schlange und warteten auf den Bescheid, wohin man uns evakuieren würde. Alles war vorzüglich organisiert. Meine Mutter und ich landeten in Herzberg am Harz, damals ein elendes Kleinstädtchen – trotz des heute viel besuchten Schlosses der Welfen, in dem man ab 1945 Hunderte von Flüchtlingen, dicht gedrängt, unterbrachte. Aber soweit bin ich noch nicht. Wir mußten uns vor dem Dorfgasthof anstellen. Zunächst gab es etwas zu trinken und eine heiße Suppe. In der Mitte saßen die maßgeblichen Leute aus Herzberg, auch Männer. Man wurde begutachtet, und da meine Mutter nur ein Kind vorzeigen konnte, wurden wir, leider Gottes, "bevorzugt" behandelt. Um es vorweg zu sagen: wir zogen im ersten Jahr viermal um, kamen vom Regen in die Traufe. Die Einheimischen, die nett zu uns waren, hatten meistens schon ihr Haus voll belegt. Meine Mutter litt z.B. darunter, daß sie für mich die Milch nicht warm machen durfte, d.h. den Herd nicht benutzen. Jahrzehnte später, als meine Mutter meine Familie in unserem schönen Heim besuchte, meinte sie: "Stell Dir mal vor, Dir würden hier Familien, vielleicht noch aus fremden Kulturen, einquartiert!" Aber ich denke, meinen Herd hätte man benutzen dürfen.

Schlimm zu ertragen war es für meine Mutter, als sie dienstverpflichtet wurde.

Der Gedanke, daß ich nach der Schule allein auf der Straße herumlief, war ihr unerträglich, zumal einheimische Frauen, auch ohne Kinder, zu Hause bleiben durften. Immerhin bekam sie zu essen. Sie war zuständig für die italienischen Kriegsgefangenen, denen sie so manches Mal etwas zusteckte.

[. . .]

Mein traurigstes Erlebnis aus meiner Sicht war neben der Scheidung meiner Eltern bald nach Kriegsende ein Tag im Schulhof meiner Osteroder Schule. Wir standen wie jeden Tag in langer Schlange vor einer Schuppentür und warteten mit unserem Blechgeschirr auf die Mittagssuppe. Donnerstags gab es zusätzlich ein Würstchen, auf das wir uns die ganze Woche freuten. Auf einmal kamen zwei Lehrerinnen, nicht meine eigenen, auf mich zu und holten mich aus der Reihe: "Ulla, es tut uns sehr leid, aber die Schule hat erfahren, daß Deine Mutter im Herzberger Krankenhaus arbeitet und Du somit sicher mit verpflegt wirst. Es gibt aber so viel notleidende Kinder, und du mußt ab sofort verzichten. Und trotzdem fahre ich in der nächsten Woche sehr gern wieder nach Osterode!

Auch die Mütter, die für die Kinder oft der einzige Halt waren und heldenhaft kämpften um Brot und ein Nachtbett, hatten häufig schlimme Erlebnisse auf der Flucht oder in Bombennächten, die sie veränderten, traumatisierten, für die Kinderversorgung unfähig machten. Es war für die Kinder besonders schwer zu sehen, wenn ihre Mutter schwach und nicht hilfreich war. Sie war manchmal nicht mehr in der Lage, sich auf die Nöte des Kindes (oder der Kinder) einzustellen.

Nicht immer konnten die Bewohner der Gebiete östlich der Elbe rechtzeitig vor dem herannahenden Krieg fliehen. Die Familie eines „Kriegskindes" des Jahrgangs 1930 geriet auf ihrer Flucht aus Schlesien zusammen mit anderen und ihren Kühen in den schlesisch-tschechischen Kessel ohne weitere Fluchtmöglichkeit. Sie treckten zurück in ihr Heimatdorf, das indessen die Russen besetzt hatten. Hier wurde die Familie zerstreut: Die Schwester wurde nach Breslau verschleppt, Herr H. musste zusammen mit anderen Jungen Kühe an die polnische

Heinrich H., Jahrgang 1930

[...]

Im März 1945 hatte uns der Krieg erreicht und wir mußten mit Sack und Pack flüchten. Die Flucht geschah mit Pferd, Kuhen und Wagen. Auf dem Treck wurden wir vom Feind nicht belästigt.

Wir waren eingekesselt, es ergab sich keine Fluchtmöglichkeit mehr für uns, daher mußten wir auf einem Bauernhof, der Bauer hatte uns freundlicherweise das Hoftor geöffnet. Das Vieh wurde in der Scheune untergestellt und wir Heimsdner gingen, etwa 40 Personen in den Keller.

Plötzlich eine wilde Schießerei, die Kellertür wurde aufgerissen und russische Soldaten riefen in den Keller deutsche Soldat komm rein. Nach der Kontrolle gingen sie wieder weg. Nach Stunden kamen wieder Russen, dann ging aber die Jagd auf Frauen los. Frau komm und es gab keine Hilfe. Am Morgen gingen wir an die Luft und da war was ganz grenliches passiert. Im Garten lagen 11 oder mehr estnische SS Soldaten in Reihe und Glied, mit gespaltenem Schädel.

[...]

Nach vielen Wochen erfuhren wir durch Zufall von einem Insassen des Lagers, der für Polen optiert hatte und nun als Pole entlassen wurde, daß mein Vater im Lager Lamsdorf (genannt „die Hölle von Lamsdorf" und als Vernichtungslager bekannt". Dokumentiert durch eine Broschüre, verfasst vom Lagerarzt Dr Heinz Esser. Die Hölle von Lamsdorf, inhaftiert war und auf Essen wartete.

[...]

So nach und nach kamen jetzt die Polen, die aus Ostpolen nach Schlesien umgesiedelt wurden und in den Orten auf die Höfe und Anwesen verteilt wurden. Wir Besitzer mußten in eine Dachkammer ziehen und unsere Wohnungen frei machen. Wir hatten allerdings Glück, denn der Pole der unser Haus zugesprochen bekam war ein sehr verständnisvoller sehr netter Mensch. Bei wiederholten Plünderungen durch die Miliz in unserer Dachkammer, stand er wenn die Plünderer weggingen unten an der Treppe und nahm die gestohlenen Sachen in seine Obhut. Er sagte das ist mein Haus und alles was hier drin ist, geht nicht durch die Tür, wenn sie der Meinung sind daß das den Leuten nicht zusteht, dann gehört es mir. Wenn die Luft wieder rein war, rief er hoch „Frau komm Deine Sachen abholen." Somit hatten wir bis zum Schluß unsere Federbetten und Bettwäsche. Er schenkte uns auch ab und zu mal einen selbstgeschossenen Hasen. Ja auch das gab es.

[...]

ferner Arbeitspferde und Traktoren für die größeren Betriebe geliefert worden. Die Arbeitskraft mußte die deutsche Bevölkerung stellen. Die Arbeitszeit war von 7:00 – 19:00 mit 1 Std Mittagspause. Für uns Jugendliche war sie wesentlich länger, weil wir zusätzlich 1 Pferdegespann zur Pflege hatten. Wir mußten um 6:00 antreten zum Pferd putzen – Füttern und Stallmisten. 7:00 bis 11:00 mit den Frauen aufs Land 11:00 – 13:00 Pferde- Stallpflege und Mittagspause. 13:00 – 18:00 der gleiche Vorgang und Abendbrot. Um 20:00 mußten wir wieder bereit sein, denn nun hatten sie ihre nächtlichen Gelage verkraftet und es ging mit den Traktoren auf die Felder zum ackern, eggen, walzen und säen.

Diese Schicht ging bis zwischen 0.00 in. 2.00. And wir hatten dann Feierabend und durften bis zum Stalldienst um 6.00 paar Std schlafen.
Die letzten Maitage wurde schon gemunkelt, daß die Answerung bevorstand. Wer da bleiben wollte mußte für Polen optieren, ansonsten Answerung.
Anfang Juni war es dann soweit. Nachts um 3.00 wurde ein Aushang an die schwarze Tafel geheftet der besagte daß um 7.00 alle Wohnungen der Aussiedler verlassen sein müssen. Sammeln auf dem Schulhof.

[...]

Grenze treiben, der Vater in einem Gefangenenlager arbeiten, kam bald selbst zusammen mit der Mutter in ein Lager. Nach seiner Flucht aus dem Viehtransport musste Herr H. eine Scheinerschiessung über sich ergehen lassen. Als sein Heimatgebiet unter polnische Verwaltung kam, musste die Familie weiterhin viel Unbill ertragen, ehe sie 1946 nach Deutschland ausgewiesen wurde (Sie wollten nicht die polnische Staatsangehörigkeit annehmen). Lange konnte Herr H. seinen Ärger und seine Wut über das Erlittene nicht bändigen, bis er 1981 eine Reise in seine alte Heimat machte. Er konnte sich mit den jetzt dort lebenden Polen anfreunden und verzeihen.

„Wir waren entweint", sagen Kinder in den erschütternden Interviews, die Hilke Lorenz in ihrem Buch „Kriegskinder" mitteilt. Es sollte ausdrücken, dass sie so viel Schlimmes erlebten, schon so viel weinen mussten. Irgendwann konnten sie nicht mehr weinen, sie waren eben „entweint". Sie versucht, die oft sachlichen Berichte in die wirklichen emotionalen Erlebnisse umzusetzen, die so zu schildern auch die indessen alt gewordenen Kriegskinder ob des erinnerten Schreckens immer noch nicht in der Lage waren. Die Versachlichung ist ein wirksamer Schutzmechanismus, der mit dem Wort „entweint" die ganze Tragik eines Kriegskind-Erlebens umschreibt. Aber sie verhindert auch das Begreifen dieser Tragik und konnte so lange Zeit darüber hinwegsehen lassen.

Welche Symptome waren und sind Kriegsfolgen?

Allgemeine psycho-physische Schädigungen

Durch Befunde, die in unterschiedlichen Untersuchungen an Kindern verschiedener Altersgruppen in vergangenen Jahren gewonnen wurden, können wir uns heute ein Bild von den Schädigungen machen, die ein Leben lang anhalten.

Was geschieht, wenn Kinder ständig oder auch nur zeitweilig katastrophalen Kriegsereignissen ausgesetzt sind? Was geschieht, wenn die Erwachsenen, die die Kinder beschützen sollen, plötzlich nicht mehr da sind, oder wenn sie selbst verletzt, psychisch dekompensiert sind?

Aus eigener Erfahrung, auch aus Erzählungen von Verwandten oder auch von Fotos wissen wir, dass die Kriegskinder in den ersten Jahren nach dem Krieg fast alle unterernährt waren oder unterschiedliche Wachstums- und Ernährungsstörungen hatten, die sich jedoch meist wieder reparieren ließen. Wenn es sich allerdings z.B. um rachitische Knochenverbiegungen oder sonstige Skelettdeformierungen aufgrund von Unfällen oder Fehlhaltungen, durch Schwerarbeit oder Mängel mancher Art handelt, war die „Reparatur" meist nicht mehr möglich. Ich kann mich an solche Skelett-Deformierungen aus meiner frühen Arztausbildung erinnern. Auch kenne ich „Horror-Geschichten", wenn Kinder gezwungen wurden, den puren Lebertran trinken zu müssen (da meinte es jemand gut mit ihnen). Bekannt sind auch die Fußdeformierungen aufgrund von unzureichendem Schuhwerk, die ebenfalls ein Leben lang bestehen bleiben. Die meisten von uns kennen solche Überbleibsel.

Viel gravierender sind allerdings Ängste, Panikstörungen und depressive Erkrankungen bis hin zu schweren Depressionen, Rückzugs- und Abkapselungstendenzen, misstrauische Verhaltensweisen, mangelndes Vertrauen mit Bindungs- und sexuellen Schwierigkeiten, multimorbide psychosomatische Störungen (die oft im Alter z.B. auf einen Herzinfarkt hinführen), Ess- und Schlafstörungen, übertriebenes Anklammern, Alpträume (manchmal lebenslang anhaltend), mangelndes Körper- und Gesundheitsbewusstsein. Manchmal treten Schmerzen ohne Befund auf, denn der Körper vergisst nichts: „Der Krieg schreibt sich tief in den Körper ein".

Es ist auch der Verlust an Vertrauen, das ein kleines Kind nun einmal braucht, um unbeschwert aufwachsen zu können. Kinder verlieren ihr Vertrauen in das Leben durch Verlust ihrer Bezugspersonen, ihr Urvertrauen durch Verrat und Betrug und Tötung, durch Vertreibung aus der Wohnung und durch die Gewalttaten des Krieges überhaupt. Der Vertrauensverlust gerät zum Trauma, das oft ein Leben lang anhält.

Das Trauma

Sehen wir von der körperlichen Form einer Verletzung (medizinisch, lat. = Trauma) ab, sind die psychischen Verletzungen, die ein Krieg verursacht, ungleich schwerer und oft sogar ein lebensbedrohliches Ereignis. Sie werden heute (wie alle seelischen Verletzungen) als Trauma im eigentlichen Sinn bezeichnet.

Trifft ein starker Reiz, eine Gefahr, auf einen Menschen, so kann er entscheiden, ob er kämpfen (dagegen ankämpfen) will oder ob er weglaufen (fliehen) will. Manchmal jedoch trifft ein Reiz, eine Gefahr, mit so aggressiver Macht auf den Menschen und „überflutet" ihn, dass er beides nicht kann. Um der äußersten lebensgefährlichen Bedrohung zu entkommen, hilft sich das Gehirn mit einer Art „Lähmung", einer Art „Wegtreten" in Todesangst. Oder es spaltet den gefährlichen Reiz ab durch den Hauptabwehrmechanismus bei einem Trauma, die Dissoziation („ausblenden"). Es entsteht eine Derealisierung (die Umgebung wird nicht adäquat wahrgenommen) oder eine Depersonalisierung (das Selbst oder ein Teil davon wird nicht adäquat wahrgenommen). Man kennt auch eine Amnesie (Vergesslichkeit oder die Unfähigkeit, sich zu erinnern). Zur Abwehr des traumatisierten Menschen, damit er weiterleben kann, gehört auch die Vermeidung von Reizen, die an das Trauma erinnern, ein Gefühl der Fremdheit und eine erhöhte Erregbarkeit. Wenn eine Trauma-Information aus irgendeinem Grund im Gehirn aktiviert wird, geschieht dies meist selektiv mit einer blitzartigen Körpererinnerung, einem sogenannten „Flashback", der immer wahrhafte Elemente des Traumas enthält und dadurch auf seine Herkunft hinweisen kann.

Ein Trauma seelischer Art ist die schwerste Kriegsschädigung. Der Begriff Trauma wird von Sigmund Freud (1915) als ein Ereignis beschrieben, das dem Seelenleben innerhalb kurzer Zeit einen so starken Reizzuwachs bringt, dass die Erledigung oder Aufarbeitung desselben in normal gewohnter Weise missglückt, woraus dauernde

Störungen resultieren müssen. Zunächst geht diese erste Trauma-Fixierung scheinbar schadlos vorüber, oft erst mehrere Jahre später kommen Symptome zum Vorschein. Symptome stehen als Ersatz für unbewältigte Probleme. Ein Trauma entsteht erst recht, wenn der Reiz auf ein noch unreifes, nicht fertiges Seelenleben trifft.

Auch der Psychoanalytiker Ernst Simmel, der in den Lazaretten des Ersten und Zweiten Weltkrieges arbeitete, hier viele Kriegsverletzte untersuchte, schrieb 1917 und 1941 über seine Untersuchungen der Kriegsneurosen (bei Erwachsenen): es würden sich keine wesentlichen Unterschiede ergeben zwischen den Kriegsfolgen der beiden Kriege trotz all ihrer Unterschiede. Die Kriegsneurosen seien Ausdruck einer Persönlichkeitsspaltung, die überwiegend körperlichen Symptome dabei Ausdruck unterbewusst determinierter Vorstellungen, Einengung und Aufhebung des Bewusstseins (bei Schock, Ohnmacht, Verschüttung), sie löschen das Bewusstsein der Person aus und öffnen das Tor zum Unbewussten. Das Bewusstsein sträube sich, Vorstellungen aufzunehmen, die in ihrer Realität zu grausam sind. Simmel prägte auch den Begriff der „Kriegszitterer". Diese Ergebnisse sind besonders auf Kinder zu übertragen.

Neurobiologisch ist die Traumaentstehung als eine Reaktion des Gehirns auf Stress zu erklären. Hierfür stehen überwiegend zwei Areale zur Verfügung: Die Amygdala (der „Mandelkern") ist für die emotionale Bewertung der eingehenden Informationen zuständig. Sie prüft, ob die Information bedrohlich ist und ob eine Notfallreaktion in Gang gesetzt werden muss. Es wird dann im Hirnstamm Noradrenalin ausgeschüttet, das Reaktionen von Aggression, Flucht oder Erstarrung verursacht. Das geschieht unter Umgehung des Bewusstseins im Cortex (Großhirn) und dient ursprünglich der Lebensrettung.

Später gibt die Amygdala Signale höchster Erregung an den Cortex und den Hippocampus (das ist das verarbeitende Gedächtnis, das je nach Situation die einzelnen Informationen so abruft, wie sie zusammengehören). Dort wird der Zusammenhang mit sonstigen Erfahrungen geprüft. Wenn die Informationen bestätigt werden, verstärkt sich die Aktivität in der Amygdala und diese leitet die Erregung in andere Hirnabschnitte fort, die sich auf den ganzen Körper auswirken.

Ein traumatisches Ereignis bedeutet oft einen extrem intensiven Angstreiz, der in der Amygdala zu einer Konditionierung führt. Diese in die Amygdala eingravierten Gedächtnisspuren können in der Folge immer wieder in voller Stärke durch entsprechende Reize aktiviert werden, ohne dass es zu einer Löschung kommt. Der Traumatisierte erlebt dann das traumatische Ereignis auch mit seinem ganzen Körper so, als wäre es gerade erst geschehen. Das wiederum hat Auswirkungen auf sein Gehirn, denn es entstehen Reaktionsmuster, die mit bestimmten Objekten oder Situationen in hoher Emotionalität verbunden sind. Je länger die ständige Überaktivität der Amygdala andauert, umso schädlicher können die Folgen für das Gehirn sein.

Bei Traumen kann das Broca-Zentrum, die Sprachregion in der Hirnrinde, gestört sein, während das Sehzentrum weiter aktiv ist und mit seinen Impulsen das Gehirn überschwemmt So kann man dem Traumatisierten durch Visualisierungen, mit Hilfe von Malen und Bildbeschreibungen helfen, die Bilder im Gehirn zu ordnen. Auch ist es oft hilfreich, dem Traumatisierten sogenannte „sichere innere Orte" (Luise Reddemann) als Zufluchtsort zu schaffen. Die Religion kann manchmal solch ein Ort sein.

Ein Schutzmechanismus gegen Überaktivität ist die Vermeidung. Dafür wird im Gehirn ein großer Aufwand an Energie betrieben, der müde und erschöpft macht. Bei aller Vermeidung kann es zu plötzlich aufsteigenden Erinnerungsbildern kommen, den sogenannten „Flashbacks", mit erneutem Erleben des Traumas und weiterer Verstärkung der Erregung

Neue Muster können im Verlauf eines Lebens oder im Rahmen einer Therapie durch neue Erfahrungen, Begegnungen, Visualisierungen und Sprachbildung entstehen. Ob es allerdings bei Angsterfahrungen bei den Gedächtnisspuren in der Amygdala zu einer echten Löschung oder nur zu einer Hemmung kommt, ist Gegenstand der Forschung.

Eine besonders schwere Störung ist das Extrem-Trauma. Es bedeutet das direkte persönliche Erleben einer Situation, die mit dem Tod, der Androhung desselben oder mit der Bedrohung der eigenen körperlichen Unversehrtheit einhergeht oder das Miterleben derselben, also eine Beeinträchtigung der Grundbedürfnisse des Menschen.

Es entsteht eine intensive Angst, ein Entsetzen, gepaart mit Hilflosigkeit, schließlich die Dissoziation, ein Ausblenden des Geschehens, ein Danebenstehen. Man unterscheidet eine Derealisierung, ein nicht adäquates Wahrnehmen der Wirklichkeit und der Umgebung, eine Depersonalisierung, ein sich Selbst oder einen Teil von sich selbst nicht adäquat wahrnehmen. Auch die Amnesie, das Vergessen und das nicht mehr Erinnern können gehört hierher. Kriegserlebnisse, hier besonders Vergewaltigung und Folter, extremen Schmerz, dies häufig und über eine längere Zeit, auch die Gehirnwäsche, sind verursachende Ereignisse, die als Extremtrauma eine Strukturauflösung der Persönlichkeit, eine Entsubjektivierung, eine dissoziative Identitätsstörung zur Folge haben.

Solche Erlebnisse können auf die gewohnte Weise nicht verarbeitet werden, ihre Aufnahme würde zu einem Zusammenbruch aller Gehirn- und Körperfunktionen führen. So wird das Trauma als Notfallreaktion zunächst abgespalten, wie ein Fremdkörper (das es ja auch ist) abgekapselt, bleibt jedoch mit allen Einzelheiten in Leib und Seele haften. Die Erinnerungsbilder können jedoch auf bestimmte Signale hin abgerufen werden.

Eine Traumatisierung behindert die bewusste Beschäftigung und das Wissen über die Ursache des Traumas und befördert die Weitergabe dissoziierter Wahrnehmung und Erinnerung.

Im „Spiegel" (8/2010) las ich diese Geschichte, die mich sehr berührte. Es ist der erste Bericht einer Betroffenen, die unter ihrem eigenen Namen die Geschichte ihrer Flucht und ihrer Vergewaltigungen als 15-Jährige aufgeschrieben hat:

„...Es musste sein, wer tut das denn sonst? Ich war ja fast noch ein Kind!".

Zwar gibt es die zweimalig veröffentlichten Bekenntnisse der „Anonyma", die jedoch, wie später herausgefunden wurde, seinerzeit eine Frau Anfang 30 war. Dieses Buch jedoch ist etwas ganz Ungewöhnliches, auch, weil es eine der ersten und wohl auch letzten Studien dieser Art ist. 95 % der Frauen, denen solches geschah, leben nicht mehr. Das Buch entstand auf Wunsch ihres Psychoanalytikers, von dem sie sich 47-jährig („ich weiß, in meiner Generation ist es nicht üblich, zum Analytiker zu gehen...") behandeln ließ, nachdem sie mitten in ihrer Habilitationsarbeit zusammengebrochen war. Und dass sie sich auch in ihn ein wenig verliebte, dass sie zum ersten Mal wieder zu einer Empfindung für einen anderen Menschen fähig war, habe ihrem Leben einen Wendepunkt gegeben

Frau K. („Warum war ich bloß ein Mädchen!") berichtete nach Tagebuchaufzeichnungen, die sie als 16-Jährige auf Rat der Mutter anfertigte („Sprich nur nicht darüber, schreib es auf").

Im Januar 1945 brach sie zusammen mit ihrer älteren Schwester aus Pommern auf, von der Mutter ohne Abschied fortgeschickt, die nachkommen wollte. Ein Güterzug mit schweren Türen nahm sie auf, fuhr aber ungewöhnlicherweise nach Süden statt nach Norden. Bald hörten sie den Kanonendonner der Russen, aber aus den fest verschlossenen Waggons konnten sie kaum entfliehen. Mit Hilfe eines Soldaten gelangte sie nach draußen, fiel in den Schnee und lief dann den Anderen hinterher in ein Dorf. Ihre Schwester sah sie nie wieder. Das Dorf war von den Russen schon eingenommen worden, sie liefen mit Taschenlampen herum und suchten Frauen und Mädchen. Frau K., noch völlig ahnungslos und unaufgeklärt, wurde gleich ergriffen, und danach immer wieder, immer wieder in irgendeine Scheune, in ein Haus gezogen, und wenn sie sich mal verstecken konnte, wurde sie von anderen Frauen verraten und statt ihrer den Russen ausgeliefert (weil sie ja allein war und es schon so oft hinter sich hatte). So sei es 14 Tage lang ununterbrochen gegangen, bis sie sich schließlich in einem Bauernhaus verstecken und erholen konnte. Sie habe ihre Mutter sehr vermisst und hatte fortan überwiegend mit Frauen und ihrem Verrat ein Problem. Nach 15 Monaten habe sie endlich ihre Mutter gefunden, die jedoch nicht mehr mit ihr gerechnet hatte und sie sehr kühl begrüßte.

Der Verlust ihrer Heimat sei für Frau K. nicht das Problem, wohl aber das auf der Flucht erlebte und der Vertrauensverlust zu den Frauen, für das ihre Sprache an Grenzen komme. Sie kann die Vergewaltigungen nicht schildern, keine Worte für das Erlebte finden. Aber sie hat Bilder gemalt, die Stationen ihres Lebens dargestellt, in einem Stil,

Rosemarie O., Jahrgang 1936

[...]

Im August 1944 bedrängte uns ein Verwandter meiner Mutter, mit einem der letzten Evakuierten –Züge aus Ostpr. auszureisen .Meine Mutter wollte meinen Großvater mitnehmen ,der aber ablehnte . Wir landeten gezwungenermaßen in Wilsdruff, ca. 10 km von Dresden entfernt , wurden bei einer alten Dame einquartiert , die.angeblich nur einen Holzliegestuhl für das Kind als Schlafstatt hatte !Meine Mutter fand dann aber ein etwas bequemeres Quartier für uns . Hier verlebten wir Weihnachten 44 , ich bekam ein Paar simple Holzskier , es war das Einzige, was aufzutreiben war .
Hier erlebten wir auch recht nah alle 3 Dresdener Angriffe ,schon Tage vorher wurden diese Stanniol Schnitzel abgeworfen. Sehr eindringlich sind mir in Erinnerung die Flüchtlingstrecks, die nach den Angriffen durch die Stadt zogen und die die Angriffe auf den Elbwiesen überstanden hatten .Ein amerikanischer Flieger war in unserer Nähe abgestürzt oder abgeschossen worden , den wir Kinder mit Interesse bestaunten .

Auf Drängen des Bruders meiner Mutter sollten wir versuchen,uns zu seiner Frau und Enkelkind durchzuschlagen ,er meinte , bei Kriegsende sollte die Familie möglichst zusammensein. . Sie war von Berlin in Heiligengrabe (Prignitz) gelandet , wieso , weiß ich nicht .Wir gelangten per Anhalter mit Militärtransporten über Berlin dorthin ,wohnten in der Nähe des Bahnhofs .Hier erlebten wir das Kriegsende und den Russeneinmarsch bzw. Überfall Wir mussten erleben ,wie sich eine junge Frau mit 3 Kindern das Leben nahm ,nachdem sie vergewaltigt worden war .Das Wort Frau komm kann auch ich nicht vergessen, wir schliefen mitsamt Enkelkind ,noch Baby und 2 Hunden nachts im Wald in einer Kuhle zusammengefercht .Einer der Dackel war eines Tages verschwunden ,mein Lieblingshund , ich fand ihn mit Kopfschuss im Wald.

Unvergesslich eingeprägt hat sich mir auch ,als deutsche Kriegsgefangene von Russen hoch zu Ross durch den Ort getrieben wurden ,die Frauen und wir Kinder stellten Eimer mit Trink - wasser an den Straßenrand das von den Reitern sofort umgestoßen wurde.

Anfang Juli machten wir , d.h. meine Mutter und ich , meine Tante mit Enkelkind und nur noch einem Hund zu Fuß auf nach Berlin .Nachts schliefen wir auch meist im Wald ,da die Bauern höchstens die Kinder in der Scheune hätten schlafen lassen , Frauen zogen die Russen an !

Auf diesem Weg nach Berlin hatte ich das für mich schlimmste Kriegserlebnis , wir wurden auf der Chaussee von einem russ. Militärfahrzeug aufgegriffen und in den Wald gefahren , Sie durchwühlten unsere letzte Habe ,unter anderem hatte meine Mutter noch ein Fläschchen 4711 ,das ausgetrunken wurde . Dann hieß es"Frau komm", als beide Frauen sich weigerten wurde mir die Pistole auf die Brust gehalten und sie mussten dran glauben vor meinen Augen .Wir alle sahen es aber doch als Glück an ,dass sie uns nicht abgeknallt haben .Im nächsten Dorf ,was wir mit Mühe erreichten,haben die Frauen auf der Kommandantur versucht , Anzeige zu erstatten. In dieser Nacht erbarmte sich sogar ein Bauer und ließ uns in der Scheune schlafen und die Frauen hatten die Möglichkeit sich an der Pumpe zu waschen

Anfang Juli erreichten wir Berlin ,unsere Wohnung ,4. Etage war unbeschädigt ,kein Russe hatte sie betreten ,wären wir doch auf dem Weg von Wilsdruff nach Heiligengrabe hier geblieben !

[...]

wie ihn kleine Mädchen malen. Sieben Jahre hatte sie ihre Monatsblutung nicht („Russenkrankheit" habe man das damals lapidar genannt). Sie leide seitdem bis heute an Gefühlsstörungen, Schlaf- und Essstörungen bis zur Magersucht, sie könne sexuell nichts empfinden und lebe allein.

Dieser mutige Bericht war für die schwersttraumatisierte Frau sicher eine große Überwindung, andererseits auch ein Akt der Befreiung und durch das heutige offenere „Klima" eine Möglichkeit, angehört zu werden. „Kriegskinder erinnern sich und erzählen!"

Die transgenerationale Weitergabe

Eine Folge bei nicht erkannten und auch nicht behandelten Kriegsbeschädigungen und schweren Traumen ist die transgenerationale Weitergabe. Mit diesem Begriff bezeichnet man die Weitergabe eigener Erlebnisse und Erfahrungen, meist durch Angst oder Wut verzerrt, an die nächste und übernächste Generation mit dem Ergebnis einer falschen, durch die Brille der eigenen verletzten Sichtweise getönten Wahrnehmung. Es sind die verschwiegenen und verdrängten, abgespaltenen und oft nur unterschwellig mitgeteilten Botschaften bis hin zu Tabus, die bei den Nachkommen Verunsicherung oder auch Proteste erzeugen. So entstehen neue Vorurteile, Verhetzungen, neue Feindseligkeiten. Und das Schweigen ist die stärkste transgenerationale Verwicklung.

Solche Mechanismen laufen über ein Funktionierenmüssen, „hart mit sich selbst sein", keine Gefühle zeigen dürfen, vor allem nicht trauern dürfen. Ein besonderes Verhalten der Elterngeneration signalisiert, wegen der Leiden oder Verluste, die nicht ausgesprochen werden, geschont und behütet werden zu müssen. Durch die vermiedene Trauer, durch die verschwiegenen Wahrheiten, die nicht durchgeführte Be- und Verarbeitung des Erlebten entstehen bei den Nachkommen ängstlich gehütete Idealisierungen, Aggressionshemmung, falsche Vorstellungen und Vorurteile bis zu Intoleranzen, aber auch zu kontraphobischen Weiterungen wie freches und fordernd-aggressives Auftreten. Dies ist häufig in Familien mit Vertreibungsschicksal zu beobachten, die oft ein wirklich schlimmes Schicksal erleben mussten.

Vertreibungs- und Flüchtlingsschicksale sind in Deutschland nach 1945 bei späteren Untersuchungen (z. B. 2002) von kriegsgeschädigten Erwachsenen, also der zweiten Generation, überrepräsentiert. Es wird eine Zahl von 35% angegeben, wobei es sich hier um die Elterngeneration handelt, die, durch ihr Schicksal traumatisiert, dieses auf die Kinder über transgenrationale Traumavermittlung übertragen haben. Elterliche Selbst- und Objektbilder werden in den

Kindern deponiert. Die Vermischung von Täter-Opfer-Rolle, eine unrealistische Darstellung der Fakten und der Rückkehrmöglichkeiten, dazu die vermiedene Trauer über das Verlorene und ein über alles gelegtes Schweigen hat bei den Kindern, der 2. Generation und somit der „Kriegskindergeneration", ein unsicheres, fragmentiertes Identitätsgefühl, Schuldgefühle und oft Depressionen sowie erhöhtes Leistungsstreben und den Wunsch nach Wiedergutmachung für die geschädigten Eltern verursacht. Unsicherheit auch im Heimatgefühl und Schwierigkeiten mit der Gegenwartsrealität. (Hier oder dort? Darf ich mich in der neuen Heimat eingewöhnen?) und eine Behinderung der eigenen Lebenspläne aus Rücksicht auf die Eltern, auch eine erschwerte Ablösung von ihnen sind oft Reaktionen der transgenrationalen Übertragung. Die Elterngeneration erlebte die Vertreibung aus der Heimat und eine Zerstörung all ihrer traditionellen Bindungen, sie sind zutiefst in ihrem Selbstverständnis erschüttert. Für ihre Kinder ist es deshalb oft enorm schwer, sich dieser familiären Traumaübertragung zu entziehen, und sie geben es wiederum an ihre Kinder, die „Kriegsenkel", weiter. Wenn das Schweigen weiterhin über alle Generationen herrscht, wenn in den Familien, die solche Erlebnisse hatten, die solche Traumen engrammiert haben, nicht getrauert wird um den Verlust, nicht erzählt wird, wie es wirklich war, frei von Ängsten, Vertuschungen und Ressentiments, dann wird die Weitergabe verzerrter Ansichten und Wahrheiten tradiert, in den Generationen fixiert.

Ich erinnere mich an das damals sehr bekannte Kinderlied, das auch heute noch von Mitgliedern meiner Generation im Frühjahr beinahe unterschwellig erinnert und automatisch gesungen wird, so tief ist es verwurzelt:

> *„Maikäfer, flieg,*
> *Dein Vater ist im Krieg*
> *Deine Mutter ist in Pommerland*
> *Pommerland ist abgebrannt*
> *Maikäfer flieg!"*

Die Bedeutung dieses Liedes, besonders für die vielen mit uns lebenden Flüchtlingskinder in der Nachkriegszeit, war uns sicher nicht bewusst. Es ist aber dies ein Lied aus alten Zeiten, als Preußen in der Napoleon-Zeit im Frieden zu Tilsit (1807) all seine ehemals polnischen Gebiete außer Westpreußen verlor: Pommerland war damals „abgebrannt", wie auch am Ende des Zweiten Weltkrieges, eine neue Aktualität. Der Text stammt von Achim von Arnim und Clemens von Brentano aus dem Jahr 1808 und ist in der Sammlung „Des Knaben Wunderhorn" zu finden.

Transgenerationale Weitergabe, nicht nur von Vertreibungsschicksalen, sondern auch von allen anderen traumatischen Kriegserlebnissen, in den Familien undeutlich vernebelt, nicht ausgesprochen, aber im Familienklima präsent, spiegelt sich oft auch noch später in Träumen der Kinder wider. Dies ist eine Behandlungsdomäne der Psychoanalyse, die den Betroffenen hilft, die eigenen Träume von den durch Familienanteile vermischten Träumen zu entflechten und die verschlüsselten Inhalte erkennbar und damit bearbeitbar zu machen.

Ausgehend von einem eigenen Konflikt wurde eine Patientin, Jahrgang 1947, wiederkehrend in ihren Träumen in Kriegsgeschichten, in Geschichten von Gewalt und Angst verwickelt. Eine Psychoanalyse ergab, dass das Leid der Mutter in Bombenangriffen und Kriegserlebnisse des Vaters, sowie die Todesfälle der Brüder der Mutter durch den Krieg über der Familie, besonders in ihrer Kindheit, wie ein unausgesprochener Schleier hing. Symbolisch verschlüsselte Angstträume vermischten sich mit dem eigenen Konflikt. Die Analyse konnte die Träume entwirren, der Patientin zu Deutung und eigenen Träumen verhelfen, die die Frau annehmen und für sich bearbeiten konnte. Sie konnte ihren eigenen Konflikt erkennen, aber auch die bisher unausgesprochenen Erlebnisse der Eltern entdecken und mit ihnen darüber sprechen.

Ein junger Handwerker, Jahrgang 1968, kam in meine Praxis in den 90er Jahren wegen hoher Verunsicherung. Er wusste nicht, wie er sein Leben einrichten sollte oder durfte. Auch hatte er immer wieder Probleme mit Frauen, die seinen Eltern meist nicht gefielen, und er leistete sich immer mal wieder Alkoholexzesse in seiner Stammkneipe, randalierte. Auch dies gefiel den Eltern nicht. Andererseits bemühte er sich sehr, einen eigenen Betrieb aufzubauen und eine Frau zu finden. Ich fragte diesmal ziemlich früh nach der Herkunft der Eltern und erfuhr, dass beide Flüchtlingskinder aus Schlesien waren, die sich stets sehr um Integration bemüht hatten. Die Großeltern besaßen beiderseits eigene Handwerksbetriebe. Der Vater hatte gerade einen Herzinfarkt hinter sich. Die Mutter, sie hatte wohl eine Vergewaltigung auf der Flucht erlebt, litt an einem Krebsleiden, das sie aber nicht kontrollieren ließ. Genau wusste der Sohn es nicht, der sich der Mutter als Jüngster sehr verbunden fühlte. Er traute sich auch nicht zu fragen. Es war aber so, dass die Jungen der Familie, er hatte noch zwei ältere Brüder, immer wieder durch gemeinsame Aufmüpfigkeiten und Protesthaltungen auffielen, was den Eltern Probleme bereitete. Sie schämten sich ihrer Söhne. Ich machte dem jungen Mann Mut, sein eigenes Leben zu gestalten und auszuprobieren, auch, dass er vielleicht in seinem Alter nicht mehr randalieren müsse, sondern seine Kritik und den Protest offen äussern könne. Wir bearbeiteten das Herausgefundene gemeinsam. Und etwa ein Jahr später hatte der Mann einen eigenen Betrieb. Die Mutter starb übrigens bald darauf.

Diese transgenerationale Weitergabe in einer Vertriebenenfamilie betraf hier schon eine Generation der „Kriegsenkel".

Gedenkstätte **Seelower Höhen,**
Ehrenmal eines russischen Soldaten,
von Lew Kerbel, 2002 restauriert

Die Kriegskinder der „Täter"

Schwer ist es, wenn das Kind später erfahren muss, dass der geliebte oder idealisierte Vater, vor allem, wenn er nicht wieder aus dem Krieg kam, ein Verbrechen verübte oder daran beteiligt war. Das anfangs hoch gelobte und systemimmanente Handeln des Vaters im Krieg wurde nach dem Krieg zu einem Verbrechen, das bestraft wurde und für das man sich schämen musste. Schon während des Krieges wurden Scham- und Schuldgefühle abgewehrt durch Derealisierung, eine Trennung von Tat und Gewissen. Eine den Eltern fremd gebliebene Selbstreflexion wurde unbearbeitet an die Kinder weitergegeben und diese so mit der Vergangenheit durch transgenerationale Mechanismen belastet. Alexander und Margarete Mitscherlich nannten das Verhalten der Deutschen 1967 in „Die Unfähigkeit zu trauern" eine kollektive Derealisierung. Die Täterkinder erleben einerseits einen „Pakt des Schweigens" über die Vergangenheit der Eltern, andererseits Halbwahrheiten und „Deckgeschichten" zur Verschleierung. Sie erleben eine Diskrepanz zwischen bedrohlichen Situationen und der eigenen Bewältigungsmöglichkeit, die mit Gefühlen der Hilflosigkeit und Schutzlosigkeit einhergeht und dadurch eine dauerhafte Erschütterung von Selbst- und Umfeldverständnis bewirkt.

Der israelische Psychologe Dan Bar-On sagt: „Die nicht erzählten Geschichten haben die größte transgenerationale Wirkung". Und der Psychoanalytiker Matthias Hirsch meint 1997, die uneingestandene Schuld der Eltern bilde im Selbst der Kinder ein Introjekt (Eingliederungen in das Ich), von dem Schuldgefühle ausgehen. So empfinden die Kinder eher Schuld und Scham, als die Eltern, die der Tätergeneration angehören. Auch Delegationen, unbewusste Aufträge, gehören manchmal zu den Auswirkungen auf die Kinder, die diese vergeblich versuchen zu erfüllen, und die sie traumatisieren. Die „unverbesserlichen" Eltern, die zäh und wider alle Vernunft und heutige Erkenntnisse an ihrer Überzeugung festhalten, bestehen auf Einhaltung des „Paktes des Schweigens" und Derealisierung. Sie wandeln eine rigide

Adelheid S., Jahrgang 1925

Aufgewachsen bei Rudolstadt in Thüringen, unbeschwerte Kindheit, noch eine Schwester (-12), mein Vater war Tierarzt. Beide Eltern traten schon 1923 in die NSDAP ein, um sich nach dem 1. Weltkrieg, in dem der Vater schon Soldat war, und nach dem als ungerecht empfundenen Versailler Frieden und der Inflation sich für ein besseres Deutschland einzusetzen. Mein Vater (Jg. 1893) führte dann im 2. Weltkrieg eine Schlachterei-Kompanie, neben der zur Versorgung der kämpfenden Truppe immer auch die Bäckerei-Kompanie zog. Die Mutter engagierte sich in Frauen- und Müttergruppen, der Vater war Ortsgruppenleiter. Alles fand in unserem Haus statt. Viele Bauern im Ort fanden das nicht gut. Ich stand dem Ganzen kritisch gegenüber und hatte keinen Ehrgeiz, BDM-Führerin oä. zu werden.
Als mein Vater älter wurde, ging er 1938 nach Jena als Schlachthof-Tierarzt. Ich war hier ein richtiger "Dorftrottel", war 13, und wurde auch so behandelt. Ab 14 wurden wir "Jungmädel" zu "Kriegseinsätzen" in den Ferien herangezogen (z.B. in der Gärtnerei, bei Fa. Zeiss Sehschlitz-Überprüfungen machen).
1943 machte ich Abitur, ab 19 wurde ich zum Reichsarbeitsdienst eingezogen, danach zum Kriegshilfsdienst. Wir mussten z.B. verrostete Munition aufpolieren, wurden kaserniert nahe Industriebetrieben Ende des Krieges. Hier arbeiteten auch französische Fremdarbeiter und russische Kriegsgefangene, mit denen ich Kontakt aufnahm, weil ich neugierig war. Meine Mutter arbeitete dann im Reichsbahnausbesserungswerk (RAW).
Mein Vater wurde auch als älterer Offizier 1939 noch eingezogen, nach 1 Jahr aber wieder ausgelöst und kam zurück, arbeitete wieder im Schlachthof. 1943 gab es die ersten Bombenangriffe, ganz besonders schwere Angriffe gab es aber noch Ende des Krieges im April 1945, Jena wurde sehr zerstört, auch der Schlachthof.
Als dann die Amerikaner einzogen, kamen sie zuerst zum Vater in seiner Funktion als Tierarzt, umd amerikanische Soldaten bewachten den Schlachthof. Danach kamen andere Amerikaner, die den Vater als Parteimitglied suchten. Sie trafen zuerst nur mich und fragten, ob ich Buchenwald kenne (sie kamen gerade daher). Ich sagte patzig: "die ersten KZ hatten die Engländer in S-Afrika (das hatte ich in der Schule gelernt)!" Ich war sehr aufgebracht, heute sehe ich es anders. Mein Vater wurde dann

vom Schlachthof nach Dachau verschleppt ("wie gut, dass ihn nicht die Russen geholt haben!").
Als die Russen uns dann besetzten, wurden wir aus dem Haus geworfen und alle Möbel, auch Spielzeug, Bücher, wurde beschlagtnahmt, das Konto wurde gesperrt. Wir hatten nun nichts mehr, und ich musste die Familie mit Russischunterricht ernähren. Meine Mutter sollte 1949 auf das Gericht kommen, sie wurde jedoch davor gewarnt und floh über die grüne Grenze nach Westdeutschland. Mein Vater kam ebenfalls 1949 aus Dachau und blieb im Westen, meine Schwester konnte ausreisen, ich aber nicht. So blieb ich bis ich 1954, und reiste ebenfalls, als sich die politische Situation in der DDR nach dem 17. Juni 1953 lockerte, nach Antrag auf Familienzusammenführung, aus.
Mein Vater, (ein "131"er), kam nie wieder in einen Beruf und wurde früh Rentner. Mit meinen Eltern konnte ich nach dem Krieg nie sprechen ("Ihr könnt uns nicht verstehen", wurde uns gesagt). Meine Schwester hat sich um Aufarbeitung bemüht, war in Israel. Ich selbst habe bei der Ankündigung des "Kriegskinderseminars" so etwas wie einen "Klick" erlebt: das musst Du machen!

Über-Ich-Bindung als unsichtbares Beziehungsmuster zwischen Eltern und Kind in eine strafende Instanz um, die unverbrüchliche Treue und Gehorsam verlangt. Das junge, erst recht das indessen erwachsen gewordene Kind kommt so in schwere Loyalitätskonflikte den Eltern gegenüber. Das Idealbild der Eltern verbietet Nachforschungen, wobei zum Zeitpunkt des Krieges und in der frühen Nachkriegszeit sicher das Alter des Kindes für das Verstehen entscheidend ist.

Die Kinder tragen die Leiden der Eltern. Ein „Täterkind" sagt in der Therapie: „Ich kann nicht zurück, ich kann auch nicht vorwärts. Ich bin ein Deutscher, Glied einer Kette, wenn auch die Kette fatal war. Wie kann ich mich von meinen Wurzeln abschneiden? Also bin ich dazu verurteilt, das zu bleiben, was ich bin. Ich bin ein Sohn, ich habe keine anderen Väter, auch wenn sie mir Gift vererbt haben". Die Therapeutin erwidert, indem sie Musik auflegt: „Auch Bach ist ein Deutscher. Die Deutschen haben nicht nur getötet!" Dieser Einwand habe die Vergangenheitsbearbeitung des Sohnes befördert. (Zitiert nach Huter-Weilandt, 2004).

Und gerade diese Diskrepanz zwischen Verbrechen und Kultur des deutschen Volkes ist es, die verwirrt und immer wieder (oder noch) zu Fragen, Analysen und Beforschungen Anlass gibt. Besonders ist es die Diskrepanz zwischen dem liebevollen Vater (oder der

Mutter) zu Hause und seinen Taten und Verhalten draußen, die die Täterkinder verstört und manchmal ein Leben lang traumatisiert.

Während meiner Recherchen für diese Arbeit erreichte mich eine E-Mail. Es war der Brief eines „späten Kriegskindes", Jahrgang 1957, das eigentlich schon ein „Kriegsenkel" war:

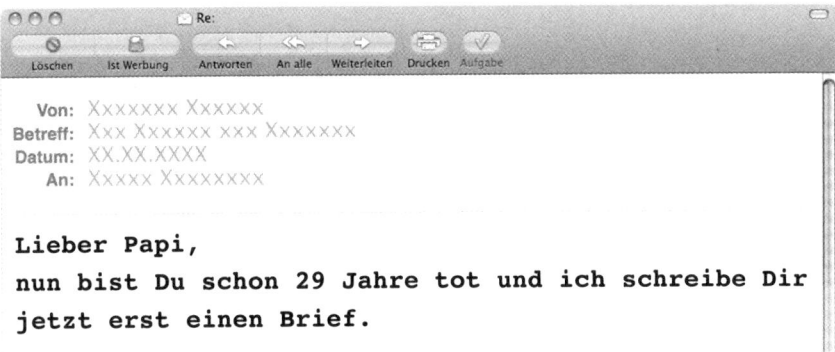

**Lieber Papi,
nun bist Du schon 29 Jahre tot und ich schreibe Dir jetzt erst einen Brief.**

Ich bin ein Kind von sogenannten „späten Eltern". Du warst 51 Jahre alt, als ich geboren wurde, damals eine Katastrophe, weil das Thema Kinderkriegen eben schon abgeschlossen war. Aber mit Deinem Geburtsjahr 1906 warst Du auch kein Kind mehr, als der 2.Weltkrieg ausbrach. Du warst ein erwachsener Mann in den allerbesten Jahren. Du bist im vollem Wissen und Gewissen schon 1938 in die NSDAP eingetreten, ein paar Jahre später aus der Kirche ausgetreten und gleich nach Kriegsausbruch Soldat geworden. Wo genau zuerst, weiß ich nicht, wie ich so vieles nicht weiß. Am liebsten hast Du Dich in Schweigen gehüllt und alle haben es respektiert, alle, außer Deiner kleinen Tochter, Deinem Herzenskind. Ausgerechnet ich habe Dich gefragt, Dich gelöchert, Dich genervt, als ich heranwuchs, in den 60er Jahren Kind war und in den 70ern aufmüpfig, politisch links und doch voller Liebe an Dir gehangen habe.

Vom Russlandfeldzug hast Du erzählt, von Stalingrad, von russischer Gefangenschaft, vom Ausbrechen und dass auf der Flucht Dein Freund Horst erschossen worden ist. Ich sehe uns noch sitzen am Tisch in unserer gemütlichen Küche, nach Kaffee und Kuchen hast Du dann den Sherry auf den Tisch gestellt und wir haben, bis es dämmerig wurde, geredet. Deine Frau und meine Mutter hat sich daran wenig beteiligt, wollte, das wir aufhören von „den alten Zeiten" zu reden. Ich wollte aber so vieles wissen und habe immer gedacht, ich wüsste alles. Dass ich gar nichts weiß, habe ich erst viel später feststellen müssen. Oft habe ich das Thema Judenverfolgung angesprochen, ob Du etwas davon wusstest (was für eine naive Frage, das können nur liebende Kinder fragen, die sich nicht vorstellen können, dass der geliebte Vater an so was beteiligt war!) Ihr hättet davon gehört, aber nicht glauben können, das war die Beschwichtigung. In meiner Erinnerung hast Du niemals solche Aussprüche wie Mutti gemacht, die mich immer an den Rand des Wahnsinns und der Wut gebracht haben, wie „heute ist Führerwetter" oder „Adolf war nicht nur schlecht, der hat auch viel für uns getan" oder „der feilscht wie ein alter Jude". Nach solchen Äußerungen habe ich Mutti immer angeschrieen, es gab Ärger und Du hast Dich ins Wohnzimmer verzogen oder bist in den Keller an Deine Werkbank gegangen.

Nach meiner Hochzeit 1979 bist Du dann an Prostatakrebs erkrankt. Zu meinem großen Bedauern konntest Du meinen beruflichen Werdegang und auch die Geburt meiner Tochter, Deiner Enkelin nicht mehr erleben. Denn schon im April 1982 wusstest Du, dass Du nicht mehr lange Zeit hast auf dieser Erde und bald sterben musst. Und wieder war ich es, die Du ins Vertrauen gezogen hast, ausgerechnet die Kleine, die sollte Dir helfen. Und da stand ich am Krankenbett, braungebrannt, Studentin, keine 25 Jahre alt, und Du hast mich angestrahlt und zu Deinem Bettnachbarn gesagt: „Das ist meine Jüngste, meine wunderschöne Tochter!" Da war ich gerührt und zutiefst erschrocken, weil das so gar nicht Deine Art war und dann hast Du mich gebeten, Dich „da" rauszuholen, weil es zu Ende geht und Du zu Hause sterben willst! Ich habe nicht geheult, sondern bin aktiv geworden. Und ich habe es hingekriegt, darauf bin ich noch heute stolz.

Du wolltest loslassen, hast den Pastor bestellt, er sollte mit uns allen Abendmahl feiern. Wir haben abwechselnd bei Dir geschlafen. In den Nächten, in denen ich bei Dir geschlafen habe, war alles anders. Du warst wach, wolltest, dass ich Dir alle Ampullen Morphium auf einmal gebe. Und dann immer wieder Deine Phantasien, wie ich da-

mals dachte, von Soldaten, Geschrei, Schießen und Ängsten! Ich habe es nicht verstanden, lange nicht. Ich dachte, Du bist berauscht von den Medikamenten, wenn Du gesagt hast: „Da stehen sie wieder, alle in einer Reihe!" Das hast Du so oft gesagt, auch zu anderen Familienmitgliedern. Später, nach Deinem Tod, habe ich Kübler-Ross, Moody und wie sie alle hießen verschlungen, weil ich nach Erklärungen gesucht habe und mir meine eigene Wirklichkeit zusammengesetzt. Ich dachte, es wären schon Verstorbene gewesen, die Du gesehen hast, die Dich abholen wollten. Das hat mich jahrelang getröstet. Fünf lange Wochen hat Dein Sterben gedauert bis zum 31. Mai 1982.

Mutti hat Dich um Jahre überlebt, sie starb im Januar 2001 mit 89 Jahren. Mit ihr habe ich nicht wirklich über Deine Nazi-Vergangenheit geredet, sie wollte davon nichts wissen, war abwehrend und so, wie sie immer war.

Nach ihrem Tod musste ja Eure Wohnung aufgelöst werde. Ich dachte eigentlich, ich wüsste fast alles, was in Euren Schränken ist, aber in der goldenen großen Keksdose von Bahlsen war unter alten Postkarten, Deinem Meisterbrief eben auch noch ein anderer Fund, einer, der mich zu Tode erschrocken hat, meine Schwestern hingegen bis heute nicht interessiert. Du warst Mitglied in der Waffen-SS! Das hast Du mir natürlich verschwiegen, weil Du gewusst hast, was Du getan hast, weil ich gebohrt hätte, Dich verletzt hätte.

Nach dieser Entdeckung kam sofort die Erinnerung an Dein Sterben in mir hoch: „Da stehen sie wieder, alle in einer Reihe!" Vielleicht waren es ja Menschen, die Du erschossen hast, oder wo Du dabei warst. Vielleicht konntest Du deshalb so schwer sterben, weil Du es nie erzählt hast, aber dann auch zu den ewig Gestrigen gehört hast. Du bist immer in voller Überzeugung zu zahlreichen Schlesiertreffen gegangen. „Schlesien ist unser!" Wenn ich danach gefragt habe, hast Du Dich rausgeredet und von Deiner geliebten Heimat gesprochen, ich konnte damals die Dinge noch nicht so differenziert wie heute betrachten. Hättest Du doch geredet, es mir erklärt, was Dich damals bewegt hat, was du gefühlt hast. Ich hätte mit Dir gestritten, soviel ist klar, sicher hätte ich Dich auch für eine Weile abgelehnt, aber irgendwann auch verstanden, was Dich dazu gebracht hat. So bleibst Du

trotz allem der geliebte Vater, der mir schwimmen und Fahrrad fahren beigebracht hat, aber eben auch ein Täter, ein Mitglied der Waffen-SS, einer, der mit Sicherheit Menschenleben auf dem Gewissen hat. Schade, dass wir darüber nicht sprechen konnten.
Deine Tochter

In meiner Verwandtschaft gibt es einen „Täter", einen Onkel, der als junger Polizeioffizier an der Judenverfolgung in den Beneluxländern beteiligt war, sich dann zum Kriegseinsatz meldete und fiel. Er hinterließ zwei kleine Kinder, meine Cousins. In der Familie wurde darüber nicht offen gesprochen, allenfalls in Andeutungen. Ich spürte als Kind etwas Bedrohlich-Verschwiegenes. Als ich das Thema später recherchierte und einmal ansprach, hörte ich: „Ach, einmal muss doch Schluss sein!" Da es keine Möglichkeit gab, später darüber zu sprechen, weiß ich nicht, wie diese „Kriegskinder" damit zurechtkommen. Mich selbst hat die Geschichte jedenfalls sehr beschäftigt. Vielleicht ist die Bearbeitung des Schicksals des jüdischen Malers Felix Nussbaum aus Osnabrück, der nach Amsterdam und Brüssel vor den Nazis floh, dort nach Wochen im Versteck jedoch verraten, aufgegriffen, 1944 nach Auschwitz deportiert und dort getötet wurde, für mich eine Art Bewältigung gewesen („Wenn ich untergehe, lasst meine Bilder nicht sterben, zeigt sie den Menschen"). In Osnabrück wurden damals in den 80er Jahren, als ich dort wohnte, Leben, Bilder und Bedeutung dieses eindrucksvollen Malers, der wie keiner sonst jüdisches Leben und Schicksal darstellt, für die Stadt neu entdeckt.

Ich erinnere mich an eine Patientin, Jahrgang 1935, die aus dem Fenster ihres Wohnhauses, das in der Nähe eines Steinbruchs lag, beobachtete, wie ihr Vater im Krieg jeden Tag eine Gruppe von „gestreiften" Menschen in den Steinbruch trieb und abends wieder zurück. Sie waren mager und elend, und Frau P. wusste nicht um die Bewandtnis dieser Tätigkeit ihres Vaters. Später hat sie es erfahren. Als in den 90er Jahren sehr viele russische Juden nach Deutschland immigrierten und hier integriert wurden, stellte sie sich zur Verfügung, hierbei in ihrer Stadt zu helfen. Es ging u. a. auch um die Anerken-

nung des Judentums derselben und damit des Aufnahmestatus. Frau P. kümmerte sich besonders um eine Familie, Lehrer wie sie, mit der es aber Schwierigkeiten gab. Sie tat sehr viel für sie, nahm sie in ihr Haus auf, kam aber nicht weiter und wollte sich nicht eingestehen, von dieser Familie eventuell ausgenützt zu werden. Frau P. wollte nicht von ihrem Gutglauben lassen. Sie fühlte sich aber schuldig und wollte um jeden Preis eine Wiedergutmachung leisten

Eine andere Patientin, Jahrgang 1937, deren Vater in Berlin SA-Mitglied war und der dann auf der Ordensburg Krössinsee weiter ausgebildet (geschult) wurde, wurde auch auf dieser geboren. Der Vater musste 1939 in den Krieg ziehen, die Burg wurde Hitlerschule, Internat für Jungen. Als er zurückkam, litt die Frau sehr unter der rüden und oft brutalen Erziehung des Vaters, die bei ihr ein ebensolches, oft rücksichtsloses Verhalten bewirkte. Auch ihre Mutter sei gefühlsarm und streng gewesen und habe unbedingten Gehorsam verlangt, dabei ihren Bruder vorgezogen. Die Frau litt an Beziehungsstörungen (zweimal geschieden) und musste sehr an einer Verhaltensänderung arbeiten, da sie nicht zurechtkam. Sie hatte nicht nur einen „Kriegs-", sondern auch einen Nazivater und eine Mutter, die offenbar an dem Buch von Johanna Haarer „Die deutsche Mutter und ihr erstes Kind" (1936) geschult war. Die wichtigste Leitlinie dieses ersten Erziehungsbuches für junge Mütter war, dass die Mütter sich nicht auf ihre Kinder einlassen sollten, um diese später auf die Unterordnung im Dritten Reich vorzubereiten. Bis 1987 wurde dieses Buch übrigens mit einigen Veränderungen neu aufgelegt.

Es gibt natürlich viele – trotzdem – gelungene Biografien von „Täterkindern". Ein prominentes Beispiel ist der geachtete Frankfurter Stadtplaner Albert Speer, Sohn des gleichnamigen Architekten Hitlers, der Namen und Profession in eine neue Zeit mit neuer Sinngebung retten konnte. Neben häufigem Verdrängen und Nicht-wissen-wollen reagieren „Täterkinder" auch oft mit einem bewussten sozialen Engagement als einer Art „Wiedergutmachung" (im Sinne einer projektiven Identifikation mit den Opfern).

Trauern
und Sprechen

Wir wissen heute, dass die wirksamsten Hilfen bei einem Trauma eigentlich sehr einfach sind, nämlich sich einem traumatisierten Menschen zur Verfügung zu stellen, ihm zuzuhören, mit ihm zu sprechen, ihn in seinem Schmerz versuchen zu verstehen und diesen mit ihm zu betrauern. Immer wieder: Sprachbildung ist zusammen mit Visualisierungen ein wichtiges Mittel, um Bahnungen im Gehirn zu verbessern oder wieder herzustellen. Bei manchen Traumatisierten muss allerdings oft die Sprache erst wieder hergestellt werden, es hat ihnen „die Sprache verschlagen", sprachlos vor Wut, Angst und Trauer sein oder auch als Ausdruck des Schrecks, der Lebensbedrohung. Gerade bei Kindern ist dies ein Symptom schwerer Traumatisierung.

Trauer bedeutet im Idealfall Weinen, die Tränen fließen lassen, sich dadurch entspannen, sich gehen lassen dürfen, Mitgefühl erregen und dieses wie auch Zuwendung bekommen. Dadurch kann Stress abgebaut werden, Schmerzen werden verringert und Einsicht in neue Lebensperspektiven wird gewonnen, auch kann versucht werden, sich über Bilder und Symbole Klarheit zu verschaffen, sich verständlich zu machen, dem Gegenüber die Ursache des Traumas zu verdeutlichen zu versuchen. Das Trauma wird dadurch nicht mehr abgespalten, sondern in die entsprechenden Zusammenhänge gebracht. Es wird psychische Stabilität erreicht.

Es ist sicher sinnvoll, seinen Kindern die verlorene Heimat zu beschreiben und diese zu betrauern, damit sie, die „Kriegskinder", wissen, was war und was auch sie betrauern dürfen, ebenso wie den ganzen schlimmen Krieg, der zu diesem Verlust geführt hat. Oft gibt es Grund, um eine Kindheit zu trauern, die durch Gewalt, Verlust und anhaltende Angst verloren und zerstört wurde.

Die Art des Trauerns kann dabei ganz unterschiedlich sein. Es kann ein einziges Foto sein, das erhalten blieb, ein Stein des Hauses, das zerstört wurde, die Schwanzhaare des Lieblingsponys, das verlassen werden musste, es kann auch eine Kirche, ein Lied, ein Bild sein,

ein Ritual irgendwelcher Art, ein gemeinschaftliches Trauern in einer Gruppe und natürlich ein Grab, wenn es vorhanden ist.

Ich selbst entdeckte neulich in der St.-Heinrich-Kirche in Hannover, die in der schrecklichen Bombennacht vom 8. auf den 9. Oktober 1943 bis auf die Grundmauern zerstört wurde, eine Madonnenfigur, die als Einziges erhalten blieb, und die schon in der Ruine und bis heute immer wieder zu Trauer und Andacht, auch zum Dank aufgesucht wird. Es ist auch für mich ein wichtiges Überlebenssymbol geworden, nicht zuletzt für die heldenhaften beständigen Mütter im Krieg.

Und als ich an einem Tag im November in der Nachbarstadt Minden die Martinikirche besuchte, hier in einer kleinen Seitenkapelle an einem Gedenkkreuz eine Kerze anzündete, kam eine etwa gleichaltrige Frau hinzu. Sie wirkte aufgeregt und durcheinander und erzählte, dass jedes Jahr um diese Zeit die ebenfalls gleichaltrigen Nachbarn, „Kriegskinder", immer ganz krank seien (sie offenbar auch). Ihre Eltern seien bei den Bombenangriffen ums Leben gekommen und es sei fürchterlich gewesen. Sie zünde jetzt für sie Kerzen an, wie jedes Jahr. Ich ließ mir von damals erzählen, und wir trauerten beide. Es war, als wäre es gerade erst gewesen. In der Turmvorhalle, die als Ehrenhalle dem Andenken der in beiden Weltkriegen an der Front und in der Heimat umgekommenen Gemeindegliedern gewidmet ist, fand ich in dem großen Gedenkbuch, in dem alle Namen verzeichnet sind, am 6. November 1944 die Namen der Getöteten des großen Angriffs verzeichnet. Die Eltern waren dabei. Darüber ein großes Kreuz und der Spruch: „Gott ist nicht der Toten, sondern der Lebendigen Gott. Denn sie leben ihm alle." (Luk.20,38). Trost und die Gewissheit, dass alle Kinder Gottes sind, für die Hinterbliebenen, für die Menschen, die weiterleben mussten und groß werden mit all den schrecklichen Verlusten und Zerstörungen, oft auch der Erkenntnis, dass viele Menschen des eigenen Volkes, oft der eigenen Familie, Täter und Mittäter daran waren. Betrauern und Beten.

Die Martinikirche büßte bei dem großen Angriff nur ihre Fenster ein, die Stadt jedoch wurde zu fast 80 % zerstört. Alle mussten damals mit anpacken in dieser so sehr zerstörten Stadt, vor allem zuerst

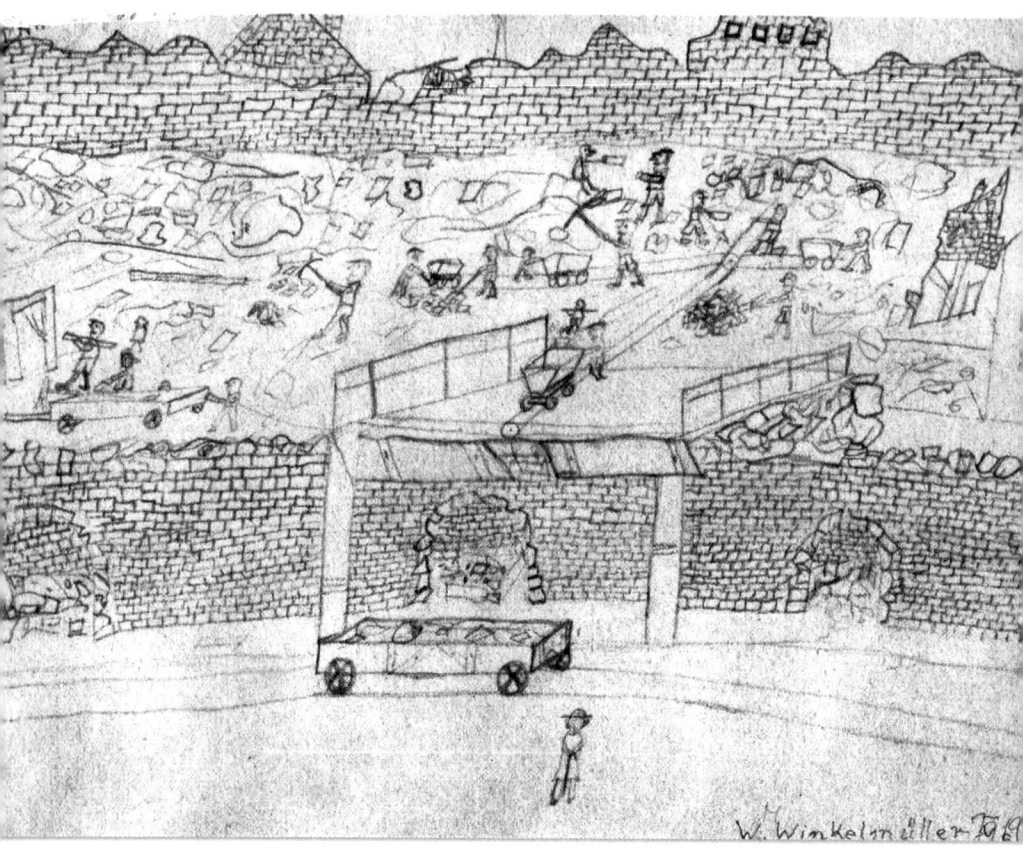

die Trümmer forträumen. Man kann es immer noch kaum glauben, dass ein Wiederaufbau gelungen ist, wenn man sich an diese und alle anderen ehemals zerstörten Städte erinnert oder Bilder von damals sieht.

Für einen bayerischen Jungen, der jedes Jahr in den Ferien seinen Großvater in Osnabrück – ebenfalls zu etwa 80% zerstört – besuchte, war es ein unauslöschliches Erlebnis, dass er mit der Lok mitfahren durfte, die die Trümmerloren fortzog. In seiner Stadt gab es diese Zerstörungen nicht.

Dietrich Bonhoeffer dichtete kurz vor seinem Tod 1945: „Noch will das Alte unsre Herzen quälen, noch drückt uns böser Tage schwere Last. Ach Herr, gib unsern aufgeschreckten Seelen, das Heil, für das Du uns geschaffen hast."

Ich blättere in den Erinnerungen meines Mannes, Jahrgang 1938, der den Krieg in dieser Stadt erlebte. Da finde ich:

„Minden, 6. November 1944. Diesen Tag vergesse ich nie in meinem Leben. Es war 10.00 Uhr morgens. Ein trüber, kalter Tag. Ich lag auf der Couch, weil ich meinen rechten Knöchel verstaucht hatte...Plötzlich ertönten die Sirenen. Dem Vollalarm folgte sofort der Akute Alarm. Mutti schrie: "W. lauf, nimm den Rucksack und eine Tasche! Als ich aus der Haustür durch den Garten zum Bunker (einem mit Nachbarn selbstgebauten Erdbunker) lief, hörte ich das tiefe Brummen einer Unzahl von Flugzeugmotoren. Unheimlich war, dass ich die Verbände über der dichten grauen Wolkenschicht nicht sehen konnte. Ich stürzte in den Bunker und wagte nicht mehr, ihn zu verlassen. Ich wusste, dass meine Mutter auf mich wartete, denn beim zweiten Gang lief ich immer automatisch zu den Kleiderbügeln. Schon drängten die beiden Nachbarinnen mit ihren Kindern in den Bunker. Das Dröhnen in der Luft wurde immer stärker. Ich hatte eine entsetzliche Angst. Wo bleibt Mutti? Endlich kam sie mit dem Wäschekorb. Sie stellte ihn auf den Boden. Mein Bruder darin lag unter Kleidern begraben, schaute lebhaft umher, schrie aber nicht. Um 10.30 ging es los, wie die Flugzeuge herunter stießen und Bombe um Bombe abwarfen – grausig war es! Erdklumpen fielen auf das Babykörbchen, es war, als ob die Erde schrie...Nach 20 Minuten eine unheimliche Stille..."

Das Aufschreiben seiner Kindheitserlebnisse hat meinen Mann weitgehend von seinen Angst- und Albträumen, die er fast sein ganzes Leben lang hatte, die mit Zerstörungen, Verfolgung und Beschuss zu tun hatten, befreit. Kirchenbesuche und Musik sind ihm wichtige Mittel zu Trost oder auch Trauer. Denn in der oben genannten Martinikirche in Minden, eine Familienkirche auch für Hochzeiten und Taufen (u. a. unserer Tochter), sind in der Gedenkstätte in der Turmhalle in dem großen Buch ebenfalls die Namen zweier Onkel, Brüder der Mutter meines Mannes, an ihrem Todestag aufgezeichnet. Sie sind als junge Soldaten im Russlandfeldzug

Gedenkstätte **Golm**, *„Die Frierende", von Rolf Leptien 1952/1953, aufgestellt 1984 durch private Initiative*

gefallen, der 25-jährige F. 1941, der 30-jährige Bruder H. 1942. Beide Söhne und Brüder der Familie, es war eine große, beinahe lebenslange Trauer um diese hoffnungsvollen jungen Männer! Die Großmutter hatte seitdem ihre schwarze Trauerkleidung nicht mehr abgelegt, und der Mutter fehlten die Brüder immer. So lag bei aller Lebenslust auch eine große Trauer über der Familie, die mein Mann von Kindheit an spürte.

Die elterlichen Grabsteine enthielten zum Gedenken auch die Namen der beiden gefallenen Söhne, darüber der Spruch:

„Sei getreu bis an den Tod,
so will ich dir die Krone des Lebens geben"
(Offenb. Johannes 2,10).

Paul Jakobi, Propst i. R. in Minden am ehemals stark kriegszerstörten Dom (zwei Angriffe, im Dezember 1944 und im März 1945, ließen nur noch das nackte entdachte Westwerk stehen), sandte uns 2009 einen Ostergruß mit dem Foto eines Bildes von Eugène Burnard aus dem Musée d'Orsay in Paris: Zwei Jünger eilen nach der Kreuzigung zum Grab, schreckerfüllt, aber nicht von ihren Augen, sondern von ihrem Herzen getrieben, sprachlos, sie finden es leer. Auf dem Weg nach Emmaus begegnen sie Jesus, der ihnen von seiner Auferstehung berichtet. Voller Hoffnung gehen sie nach Jerusalem und berichten den anderen Jüngern, die sie dort treffen, was sie gesehen und erlebt haben. Sie haben ihre Sprache wiedergefunden und ihr Trauma verloren. (Lukas 24,13-35). Diese Emmausgeschichte, hier verkürzt wiedergegeben und frei ausgelegt, ist ein häufig zitiertes Beispiel für Trost und Hoffnung bei Trauer und Trauma.

Propst Jakobi zitiert ein meditatives Gedicht zu diesem Bild von Rose Ausländer:

Gemeinsam
Vergesst nicht, Freunde, wir reisen gemeinsam
besteigen Berge, pflücken Himbeeren
lassen uns tragen von den vier Winden
vergesst nicht, es ist uns`re
gemeinsame Welt, die ungeteilte, ach die geteilte
die uns aufblühen lässt, die uns vernichtet
die zerrissene ungeteilte Erde
auf der wir gemeinsam reisen.

Ich möchte auch an die kulturell unterschiedlichen Formen des Trauerns erinnern, die bei Trauerbegleitung von Traumatisierten aus anderen Regionen zu beachten sind. Wir wundern uns heute manchmal, wenn wir Kinder aus Kriegsgebieten z. B. in Afghanistan oder dem Kosovo, denen wir helfen wollen, nicht erreichen können. Dies hängt möglicherweise mit anderen kulturellen Gewohnheiten zusammen.

Zur Trauerbewältigung gehört, über das zu Betrauernde zu sprechen. Nicht immer ist dies möglich, und es ist ein Glücksfall, wenn es ein mitfühlendes Gegenüber gibt, das zuhört. Umgekehrt erlebt der Sprechende, der Erzählende plötzlich aufkommende Trauer. Wir haben dies in unserem Seminar oft erlebt. Wir haben es zugelassen, mitgetrauert und fühlten uns alle hinterher erleichtert.

Trauern und Sprechen, Kontakt aufnehmen und handeln, viele junge Leute, Schüler tun dies. Sie engagieren sich z. B. im „Volksbund Deutsche Kriegsgräber Fürsorge" und in der Fürsorge der Gräber der Fremdarbeiter und Gefangenen auf deutschem Boden. Und in der „Aktion Sühnezeichen", die 1958 auf einer Synoden-Tagung der Evangelischen Kirchen in Deutschland gegründet wurde, leisten junge Leute Freiwilligendienste in Europa, Israel und anderen Ländern, um Zeichen für Versöhnung, Frieden und die Wahrung der Menschenrechte zu setzen.

Die Posttraumatische Belastungsstörung

Dies ist eine Diagnose, die alle chronischen Folgen nach Traumen kennzeichnet und zusammenfasst. Sie wird noch nicht allzu lange als solche anerkannt und im ICD-10-GM (Internationale statistische Klassifikation der Krankheiten) genau beschrieben. Sie stellt somit einen großen Fortschritt für die Einordnung und Behandlung traumatisierter Menschen dar.

Ich zitiere: „Sie (die PTB) entsteht als eine verzögerte oder protrahierte Reaktion auf ein belastendes Ereignis kürzerer oder längerer Dauer, mit außergewöhnlicher Bedrohung oder katastrophenartigem Ausmaß, die bei fast jedem eine tiefe Verzweiflung hervorrufen würde (…) Typische Merkmale sind das wiederholte Erleben des Traumas in sich aufdrängenden Erinnerungen (Nachhallerinnerungen, Flashbacks), Träumen oder Albträumen, die vor dem Hintergrund eines andauernden Gefühls von Betäubtsein und emotionaler Stumpfheit auftreten. Ferner finden sich Gleichgültigkeit gegenüber anderen Menschen, Teilnahmslosigkeit der Umgebung gegenüber, Freudlosigkeit sowie Vermeidung von Aktivitäten und Situationen, die Erinnerungen an das Trauma wachrufen könnten. Meist tritt ein Zustand von vegetativer Übererregbarkeit mit Vigilanzsteigerung, einer übermäßigen Schreckhaftigkeit und Schlafstörung auf. Angst und Depressionen sind häufig mit den genannten Symptomen und Merkmalen assoziiert (…) Der Beginn folgt dem Trauma mit einer Latenz, die wenige Wochen bis Monate dauern kann, der Verlauf ist wechselnd, in der Mehrzahl kann eine Heilung erwartet werden. In wenigen Fällen nimmt die Störung über viele Jahre einen chronischen Verlauf und geht dann in eine andauernde Persönlichkeitsstörung über". ((F 62.0). ICD-10-GM 2006 Deutscher Ärzte-Verlag)

Diese hier mitgeteilten Symptome treffen zum Glück nicht immer alle, jedoch bei vielen traumatisierten Menschen in großer Anzahl zu und rechtfertigen oft ein Leben lang diese Diagnose, die manchmal nicht zu behandeln ist und lebenslanges Leid bedeutet.

Da über die Herkunft derselben bisher meist nicht geforscht, nicht gesprochen wurde, ist dies auch Ergebnis und Folgeerscheinung des großen Schweigens, das bisher über dem Thema Zweiter Weltkrieg in Deutschland lag.

Protektive Schutzfaktoren, z.B. eine Bezugsperson im Bombenangriff bei sich zu haben, kann bei Kriegskindern die PTB verhindern und ein Gegengewicht zu allen möglichen Schrecken sein. So sind zum Glück nicht alle Kinder traumatisiert (Ein Drittel aller Kriegskinder sei symptomfrei, so wird vermutet).

„Die Kriegskindergeneration erinnert sich"

Der Gesprächskreis, der ein Seminar wurde

Wie kann ich mit meinen Erinnerungen umgehen, mit meinen „Erinnerungsspuren", die sich melden, wenn es mir manchmal gar nicht gefällt? Den Gleichaltrigen aus meiner „Kriegskindgeneration" wird es ähnlich gehen. Es gibt jetzt kaum ein Zusammensein, ein Zusammentreffen dieser Altersgruppe, also der zwischen 1928 bis 1948 Geborenen, bei dem nicht Kriegskindheiten und Erinnerungen daran ganz schnell ein Thema sind, wenn Interesse und Empathie signalisiert werden. Ich habe immer das Gefühl, das die Betroffenen dankbar dafür sind und sich entlastet fühlen. Liegt es nur am Rentnerdasein oder ist jetzt einfach auch die Zeit dazu? Ich vermute sehr Letzteres.

Ich habe mit vielen von ihnen, mit den Kindern des Zweiten Weltkrieges, die man heute die „Kriegskindergeneration" nennt, gesprochen, und ich habe dann das Thema gezielt im Seniorenbüro Kirchrode in Hannover vorgestellt, weil ich dachte, hier ein entsprechendes Forum zu finden, was sich nach anfänglicher Skepsis bestätigte. Nach einem Informationsvortrag beim Neujahrsempfang dieses Seniorenbüros fand das Thema „Kriegskinder erinnern sich" sogar großes Interesse. Es war, als würde eine lange verschlossen gehaltene Tür aufgestoßen. Und so habe ich im Jahr 2009 ein Seminar für Interessierte dieser Altersgruppe angeboten, an dem ein Jahr lang eine große Zahl „Kriegskinder" teilnahm. Es sollte dies keine Therapiegruppe und auch keine Gruppentherapie sein, sondern wir wollten miteinander reden (wobei reden, gemeinsame Sprachfindung, wie oben dargestellt, schon eine Art Therapie für sich ist). Es sollte ebenfalls auf keinen Fall ein „Wetteifern" um das schrecklichste Erlebnis, das schlimmste Leiden und grauenvollste Erinnern sein, denn jedes Erleben ist individuell und verursacht auch individuelles Leiden. Allerdings habe ich Einzelgespräche für besonders schwierige Situationen angeboten, die auch einige Male in Anspruch genommen wurden.

So haben wir uns dann gemeinsam „auf den Weg gemacht" und uns über unsere Erlebnisse ausgetauscht, nachdem wir uns zunächst miteinander bekannt gemacht hatten und feststellten, dass wir ein ganz schön „bunter Haufen" waren. Wie auf Verabredung waren die unterschiedlichsten Berufe, Familiensituationen und vor allem auch die verschiedensten Beispiele an Kriegserlebnissen und -erfahrungen vertreten. Waren die Erlebnisse der Einzelnen zwar individuell verschieden, so glichen sie sich im großen Ganzen doch sehr, eben Beispiele und Spiegel der damaligen Zeit. Jüdische Kriegskinder waren allerdings nicht vertreten. Sie waren ja meist schon vor und dann während der Kriegsjahre geflohen oder in die Todeslager deportiert worden. Zeitgleich konnte in Hannover der „Zug der Erinnerung" am Hauptbahnhof besucht werden, mit dem der Deportation der jüdischen Kinder aus Deutschland während des Krieges gedacht wurde.

Wir haben eigentlich zuerst einfach nur erzählt, der Reihe nach oder auch durcheinander, wobei sich im Laufe unserer „Arbeit" dann eine gewisse Struktur herauskristallisierte, die eingehalten und durch eine lockere Moderation immer wieder am roten Faden entlang gehalten wurde. Wenn es auch oft ähnliche Erfahrungen waren, sie waren doch immer wieder anders und individuell gefärbt durch das persönliche Durchleben. Wir haben gemeinsam geweint und geschwiegen, gestritten und auch gelacht. Ja, es gab auch heftigen Streit, um unterschiedliche politische Ansichten, wegen persönlicher Abneigungen, um zu viel oder zu wenig „Redezeit". Es war nicht immer einfach, einen Konsens wiederherstellen zu können. Aber wir haben es geschafft, in einem freundlichen Gruppenklima unser Thema zu bearbeiten, und zwar individuell jeder auf seine Weise. Als Ergebnis haben wir unsere Biografien aufgeschrieben und ein Heft zusammengestellt, welches sogar von einem Seminarteilnehmer an das „Haus der Geschichte" in Bonn geschickt wurde, wo es sehr interessiert aufgenommen wurde. Nun sind die Erlebnisse einiger Kriegskinder, die damals nicht gefragt wurden und die bisher nie darüber geredet haben, in diesem wichtigen Haus archiviert worden und haben damit einen hohen Stellenwert bekommen.

Natürlich sind wir gefragt worden, warum wir so etwas machen, warum wir uns mit diesem nun schon so lange vergangenen Krieg, überhaupt mit diesem Thema befassen. Es gäbe doch jetzt viel wichtigere, viel aktuellere Themen.

Mit diesem letzten Argument sind wir schon mitten drin in unserer Rechtfertigung. Gerade die jetzt aktuellen Themen wie Rechtsradikalismus, Vertriebenen- und Nachbarschaftspolitik hängen eng mit der wahrhaften Er- und Bearbeitung unserer Geschichte zusammen. Wir als die letzten Zeitzeugen müssen berichten, was wir erlebt haben, wie es war, damit die heutige junge Generation dieses Wissen erwirbt, in den richtigen Kontext rückt, Lehren daraus zieht, mögliche Fehler der Vorgeneration zu vermeiden sucht und als dann handelnde Generation die Demokratie in unserem Land verteidigt und gute Beziehungen zu den Nachbarländern erreicht. Das oben bereits erwähnte Zitat von Wolf Biermann: „Wir können nicht wissen was wird, wenn wir nicht wissen was war" rechtfertigt unser Tun.

Und leidvolle Kriegerlebnisse betrafen bei genauer Betrachtung einen Großteil der Jahrgänge 1928 bis 1948. Die „Kriegskinder" haben jetzt, am Ende ihres Lebens, das große Bedürfnis zu reden. An den persönlich mitgeteilten Einzelschicksalen, die natürlich nicht verallgemeinert werden sollten, ist das ganze vergangene Leid am eindrucksvollsten darstellbar, wie bei Zeitzeugenbefragungen immer wieder bestätigt wird. Man hört genauer hin und ist eher betroffen.

Und es sind fast alle „Kriegskinder", die das Glück hatten zu überleben, „etwas geworden". Sie hatten auch das Glück, in einer langen Zeit des Friedens in relativem Wohlstand zu leben. Wir waren alle tüchtig, leistungsorientiert, haben nicht zu viel und zu früh oder gar nicht gejammert (das durften wir auch nicht). Wir haben das zerstörte Deutschland wieder mit aufgebaut, denn in dieser Zeit war ein hoher Bedarf an Arbeitskräften. Trotzdem sind viele Menschen dieser Generation beschädigt oder traumatisiert. Danach hatte sie niemand gefragt.

Ergebnisse des Seminars

Anfangs waren einige der Seminarteilnehmer doch sehr skeptisch, was das werden würde und worauf sie sich da eingelassen hätten. Auch ich war mir anfangs nicht sicher, ob wir in diesem Seminar erfolgreich sein würden. Es blieb jemand weg, neue kamen hinzu, es war unruhig. Aber nach einigen Stunden schien es, als seien alle doch „gepackt" worden von der Idee, jetzt endlich über ihre Erlebnisse sprechen zu können und damit wichtig genommen zu werden, gefragt zu werden.

Die meisten Seminarteilnehmer stellten übereinstimmend fest, dass sie sich jetzt zum ersten Mal mit dieser Zeit und mit ihrer Kindheit beschäftigten. Wir haben immer wieder zwischendurch darüber diskutiert, ob es wirklich wichtig sei, was wir erlebt hatten, oder ob es nicht doch zu banal sei. Gestaunt haben wir, dass sich unsere Erlebnisse oft ähnelten, aber wir waren auch froh und dankbar, dass wir manche Erlebnisse nicht teilten.

Manche von uns konnten nicht gleich erzählen, sie mussten sich erst an uns als eine völlig fremde Gruppe gewöhnen und natürlich auch daran, dass sie jetzt über Erlebnisse, Traumen, sprechen sollten oder durften. Es war wirklich so: Fast alle waren nie gefragt worden oder hatten nie die Möglichkeit gehabt, über ihre Kriegskindheit zu reden.

Natürlich waren auch Seminarteilnehmer dabei, denen die Beschäftigung mit ihrer Biografie nicht fremd war. Aber fremd oder neu war auch ihnen dann doch die Betrachtung ausschließlich aus dem Blickwinkel der Kinder, die wir einmal gewesen waren. Wir mussten unser Erinnern immer wieder daraufhin zurückführen. Aber auch die Fakten des Krieges waren wichtig als Hintergrundwissen, um zu verstehen, uns selbst, die Zeit und unsere Gesellschaft. Und so haben wir auch viel über die verschiedensten Aspekte dieses Krieges gelernt, da wir die unterschiedlichsten „Experten" unter uns hatten.

Krimhild H., Jahrgang 1940

[...]

Meine erste Erinnerung an den Krieg ist die an den Mittagsangriff am 26. 7. 1943. Meine Familie wohnte in der List, und ich spielte mit meinem Bruder (+6) im Hof, als die Sirenen heulten. Wir wollten zur Mutter, aber die Tür ging nicht auf, weil sie nicht da war. Die Nachbarn sagten: „Ihr müsst in den Keller!" Aber wir wollten nicht, „wir müssen auf die Mutter warten". Endlich kam die Mutter ins Haus gestürzt, sie war ganz abgehetzt, war einkaufen. Nun war für uns alles in Ordnung, und wir konnten in den Keller.

Mein Bruder musste immer auf mich aufpassen. Mein Vater war im Krieg, meine Eltern hatten eine Gaststätte, die die Mutter führte. In der „Todesnacht" von Hannover, im Oktober, wurde in 40 Minuten 95 % der Innerstadt zerstört. Ich kann mich erinnern, dass auf den Strassen „flüssiges Feuer" war, in unserem Keller waren viele Menschen, und es kamen immer mehr hinein. Schließlich mussten wir alle raus, da sah ich dass Feuer. Ich habe viele Bilder, einzelne, und Erinnerungen....

Im Winter 1943 nach dem schrecklichen Angriff kam ein Erlass heraus, dass Mütter mit Kindern aus der Stadt heraus mussten. Meine Mutter kam mit uns Kindern in die Nähe von Friedland. Hier wohnten wir in einem Zimmer bei Bauern, beengt. Ich kann mich an Tieffliegerangriffe bis Ende des Krieges erinnern.

In unserem Dorf bekam eine junge Polin ein Kind. Keiner kümmerte sich um sie. So nahm meine Mutter einige Sachen von uns und ging zu ihr. Ich war von dem Baby begeistert und wollte sie immer begleiten. Diese Hilfe wurde aber nicht gern gesehen, so spuckte der Ortsbauernführer einmal, als er uns traf, vor uns aus. Doch meine Mutter ließ sich nicht entmutigen und half solange, wie es nötig war.

Zu meinem Geburtstag am 9. Mai habe ich dann „den Frieden geschenkt bekommen", es war schönes Wetter mit Morgenröte. „Was ist, wenn kein Krieg mehr ist?", fragte ich. Und: „was haben wir zu essen, wenn es nun keine Lebensmittelmarken mehr gibt?"

Als die Amerikaner kamen, mussten wir erst alle in den Keller, dann raus und uns auf der Strasse aufstellen. Alle Waffen mussten abgegeben werden.

Schließlich wurden wir eine richtig gute Gruppe, die das Thema „Kriegskinder erinnern sich" intensiv bearbeitete und miteinander vertrauensvoll reden konnte. Wie oben schon berichtet, haben wir zusammen gelacht und auch geweint, betroffen geschwiegen und insgesamt hat die Gruppe uns allen geholfen, mit unseren Erinnerungen und denen der anderen fertig zu werden. „Ja, das kenne ich

Manfred H., Jahrgang 1933

[...]

Der Brand der Synagoge 1938, des „Judentempels", ist meine erste und eindrucksvollste Erinnerung in Zusammenhang mit dem 2. Weltkrieg. Ich wohnte bei meinen Grosseltern gegenüber, und ich kann mich erinnern, wie entsetzt die Menschen, die drumherum standen, waren. „Das rächt sich!", habe eine alte Frau gesagt. Das Volk war damals noch nicht gegen die Juden aufgehetzt.

Meine Familie hat dann in der Knochenhauerstrasse gewohnt, und dort im Keller habe ich dann bei den Bombenangriffen Schlimmes erlebt.

Ich bin unehelich zur Welt gekommen. Meine Mutter war ein Dienstmädchen, das bei der Schwester des Vaters unterkommen konnte. Im Hinterhaus bin ich zur Welt gekommen. Mein Vater, ein Industrieproletarier aus Oberhausen, war schwer krank und deshalb nicht wehrfähig und immer zu Hause. Er hat immer Antinaziwitze erzählt. 1930 trat er in die KPD ein, war im Rotfrontkämpferbund und hat sich oft mit SA-Leuten geprügelt. Bis 1935 habe er in diesem Bund mitgearbeitet. Meine Tante stand den Zeugen Jehovas nahe, meine Mutter war katholisch. Ich bin in der Clemenskirche getauft. Mein Vater starb 1951.

Als die Juden vertrieben wurden, bekamen wir die Wohnung in der Knochenhauerstrasse, in der wir 1943 bei dem großen Angriff ausgebombt wurden. Die Bevölkerung hatte also durchaus Vorteile von der Judenvertreibung, auch meine Unterschichtfamilie.

Mein Vater las viel, vor allem Zeitungen der KPD und des Rotfrontkämpferbundes und andere, so war er immer gut informiert. Ich habe zugehört. Einmal fragte ich meinen Vater, was aus den Juden geworden sei. Er sagte: „Die Mädchen kommen ins Arbeitslager, die Eltern werden liquidiert".

auch!" oder „Das war bei mir genauso!", solche Äußerungen bestätigten das gemeinsame Erleben dieser Generation. Für fast alle Männer z. B. war das Spielen in den Ruinen und Trümmern abenteuerlich und spannend, fast alle fanden ihre Kindheit gar nicht so schlimm. Ja, es war für uns alles so „normal", aber, wie oben schon dargestellt, es war eben die Normalität des massenhaften Erlebens in der damaligen Zeit.

Horst B., Jahrgang 1929

[...]

Wie erleben Kinder den Krieg? Als der sogenannte 2. Weltkrieg ausbrach, war ich 9 Jahre alt. Am 1. September 1939 habe ich auf dem Schoß meiner Mutti – Mama – bitterlich geweint. Papa muss in den Krieg und kommt vielleicht nicht wieder! Woher hatte ich meine schlimmen Befürchtungen?
Die Zigarettenindustrie hatte in die Packungen Bilderschecks als Reklamegeschenke eingelegt. Unter anderen Themen (Olympia) auch eine Reihe „1. Weltkrieg", und die hatte ich gesammelt und gesehen, dass man sich gegenseitig totschießt.
Aber mit 10 Jahren kam ich zu den Pimpfen und musste erfahren, dass deutsche Jungvolkjungen nicht weinten, sondern hart wie Kruppstahl, zäh wie Leder und flink wie Windhunde sind. Dann kamen sowieso immer nur Siege – wenn gestorben wurde, waren es immer nur die anderen – Feinde – Untermenschen – Minderwertige. Und wenn in den Groschenkriegsromanen – Kriegsberichterheftchen auch ein Deutscher mal sein Leben lassen musste, dann in Aufopferung für seinen Kameraden und das besang man dann auch so.
Und dann kam der Krieg nicht nur in Feindesland, nein auch in die eigene Stadt. Besser gesagt über die Stadt – über der Stadt. Jedenfalls in der Luft.
Ein Flugzeug – ein feindliches – im Scheinwerferkegel mehrerer Lichtsäulen – die Flugabwehrgeschütze ballern – und Horstchen Becker mit einem anderen Hausbewohner stehen im Hauseingang und sind neugierige Zuschauer. Der Feind entkommt. Wir hören ein metallisches kleines „Ping" in unserer Nähe – ein kleiner Granatsplitter war zur Erde zurückgekehrt. Eine weitere Knabensammelleidenschaft hatte begonnen.
Von Angst noch keine Spur. Dann die erste zerstörte Häusergruppe und immer öfter durch Sirenengeheul ausgelöster Fliegeralarm. Meistens nachts und auch meistens ohne Bombenabwurf. In unserem Mietshaus – 4 Stockwerke – in der Eisenschmiede 87, wurde ein Kellerraum als sogenannter Luftschutzraum ausgestaltet. D.h. vor dem Kellerfenster wurde eine Splitterschutzmauer errichtet – die Kellerdecke zusätzlich abgestützt, das Fenster mit einer Holzplatte abgedichtet und an den Wänden standen Holzbänke zum Sitzen. Ob sich die Erwachsenen sicher fühlten? Anfertigung von Feuerpatschen + Wassereimer!
Im Oktober 1943 brach dann das Unheil über Kassel herein. Zu Anfang des Monats ein kleiner Vorgeschmack mit einem leichteren Angriff und in der Nacht des 22. Auf den 23. Oktober der entsetzliche schwere Bombenangriff der die Stadt, insbesondere die Altstadt in einem

Feuersturm vollständig zerstörte. Nun kam die Angst mit Macht! Beim ersten Angriff waren die Einschläge der Bomben noch nicht so nahe, aber die Erschütterungen und Detonationen furchterregend, aber mangels kindlicher Fantasie noch erträglich.
Angst und Massenpanik!

Aber in der Nacht des 22. brach auch in unserem Stadtteil das Inferno herein. Wir kauerten dichtgedrängt im Luftschutzraum auf den Bänken, hörten die Einschläge näherkommen – noch näher – das Getöse unvorstellbar – und mit einem lauten Knall kam die Holzplatte in den Raum geschossen – das Licht erlosch, Staubwolken machten das Atmen schwer. „Raus hier" wurde gerufen und alle warfen sich im Kellergang zu Boden, alles lag dicht auf dicht – Husten – Keuchen – letzte Erschütterungen hatten die Schornsteinreinigungsklappen gelockert und den Ruß verteilt. Total schwarz, aber überlebt! Das Haus hatte zwar keinen Volltreffer erhalten, war aber trotzdem unbewohnbar geworden, weil die vordere Hauswand weggebrochen war. Einige Möbel konnten über das erhaltene Treppenhaus geborgen werden. Wir wurden nach Veckerhagen evakuiert und ich kam Anfang 1944 nach Frankenberg an der Eder in ein Kinderheim. Hier in Frankenberg habe ich keinen Fliegerangriff mehr erlebt.

Persönliche, unmittelbare Angst!

Am 6. Juni 1944, der längste Tag für die Invasoren(?), hatte die Invasion in der Normandie begonnen. Im September zeichnete es sich ab, dass die Reichsgrenze geschützt werden musste. Für die notwendigen Schanzarbeiten, Panzergräben, Schützengräben, MG-Stellungen wurden aus den Reihen der noch nicht eingezogenen Hitlerjugend Arbeitskräfte rekrutiert. Der Musterungsarzt hatte mich unverständlicher Weise als noch nicht tauglich eingestuft - aber auf mein Flehen hin, hat sich der verantwortliche HJ-Führer darüber hinweggesetzt - ich durfte mit, hurra! Wir wurden nach Schoden-Ockfen an die Saar per Eisenbahn verfrachtet und in der Ortschaft auf Strohlagern in Scheunen untergebracht.
Die Arbeit war recht schwer, zumal die Panzergräben recht breit aber auch besonders tief waren. Auf Pritschen wurde die Tiefe überwunden und auf den Brettern bekam man auch keine nassen Füße. Meine erste Begeisterung war bald verflogen, so war ich recht froh, wenn ich zum Kartoffelschälen abkommandiert wurde. Da war auch die Verpflegung besser!

Das Unheil aus der Luft

Aber, dass es auch ein Kriegseinsatz war, merkten wir spätestens als uns die ersten Geschosse aus den tieffliegenden Kampfflugzeugen um die Ohren flogen. Obwohl Beobachter eingestellt waren, war die Zeit zwischen dem Ruf „volle Deckung" und dem Geknatter recht kurz und es brauchte auch keine Überwindung, sich bäuchlings in den Schlamm einzuwühlen. Ob ich zu sehr gezittert habe, geschockt – es gab auch Tote – jedenfalls durften nunmehr alle, die noch keine 15 Jahre alt waren, nach Hause. Ich habe mich mit beiden Armen gemeldet! Durfte nach Haus nach Frankenberg! Vor allem aber weg – hurra!

[. . .]

7. 12. 1944

Gotthard S., Jahrgang 1928

[...]

Ein Vogel am Christbaum in Schmolz war mir als Kind eine große besondere Freude. Weihnachten 1944 aber war es schlimm. Man hoffte, aber es brach eine Welt zusammen. Ich sehe noch die Großmutter, denn es kam Bescheid, dass der jüngste Onkel, Adolf Gimmler, Bruder meiner Mutter, in Holland gefallen war. Es brach eine Welt in der heilen Familie zusammen, die heile Welt der Familie war kaputt. Onkel Adolf liegt in Holland, Ysselstein, begraben, es ist das einzige Grab, das ich besuchen konnte. Weihnachten war nicht mehr die heile Welt. Heimat und Jugend waren weg. Die Sehnsucht ist geblieben.
So kamen 1944-45 der Krieg und die russische Walze immer näher auf Schlesien zu. Ich war im R.A.W., man wollte uns zu Gesellen machen und vielleicht zu Führungskräften der Eisenbahn. Man gab uns für die Wehrmacht nicht frei, obwohl wir gemustert waren und auch ein Soldbuch hatten. Aber man hat uns in Breslau aufs Wehrbereichskommando bestellt, man wollte SS-Männer aus uns machen. Ich kam davon frei, indem ich mich zur Luftwaffe meldete, denn ich war ja Segelflieger mit A.B.C.- Luftschein 1. Breslau wurde Festung, und wir 16jährigen wurden nun Soldat, mit Panzerfaust und Karabiner. Mein Regiment nannte sich Luftwaffenregiment Wehl. Man erklärte uns den Karabiner Ka 96 und die Panzerfaust.

Man wollte den Krieg noch gewinnen. Wir waren kurz vor Groß-Mochbern/Lohbrück. Zwei Schulfreunde, der Hiltmann Günther und der Maiwald Rudolf, sind vor mir von einer Granate getroffen worden. Vor dem Werk Linke-Hoffmann fand ich mich wieder. Bis dahin hat uns der Russe gejagt. Dort bezogen wir wieder Stellung, dort wurde ich am 5.4.45 verwundet an der rechten Ferse. Man trug mich durch das Eisenlager von Linke-Hoffmann zurück. Dort gab mir der Oberleutnant Neubauer das E.K. II, dann brachte man mich in das Striegauer Bunker-Lazarett. Dort war ein Russe, den ich mit meinem Kompanieführer als verwundet vor unserer Stellung gefunden hatte. Wir hatten ihn ins Lazarett gebracht. Er hat mich erkannt, und er sagte: „Du hast mir das Leben gerettet." Es war ein Mann von ca. 27 Jahren. Er erzählte von seinen Kindern.

Am 7. Mai war der Krieg zu Ende. Wir hatten Angst vor der Gefangenschaft. Ich ging mit einem rechten kaputten Fuß in Gefangenschaft. Wir wurden ein paar Tage in Breslau herumgeführt, weil die Russen nicht wussten, was sie mit uns machen sollten. Dann haben sie uns auf den Friedhof von Breslau-Hundsberg gesperrt. Wir haben zwischen den Gräbern geschlafen, bis wir ins Gefangenenlager nach Hundsfeld kamen. Dort habe ich das erste Mal in meinem Leben Kartoffelschalen gegessen. Dort im Lager habe ich meinen Vater wieder getroffen, er war alt, wurde von dort entlassen. Ihn konnte man zur Arbeit in Russland nicht gebrauchen. Am 2. Juni 45 wurde ich auf dem Bahnhof von Hundsfeld verladen im Viehwaggon. In jedem Waggon waren 48 Menschen. Wir fuhren durch Polen über Kiew Charkow. Nach ca. 4 Wochen wurden wir in Stalingrad ausgeladen. Wir mussten arbeiten, an der Wolga aus den Schiffen Mauersteine raustragen, immer 4 Stück. Nachher wurde ich für eine Baugruppe eingeteilt. Dort bin ich nach einigen Tagen ich für eine Baugruppe eingeteilt. Dort bin ich nach einigen Tagen zusammengebrochen und man musste mich bei der Zählung für den Empfang des Essens ein paar Mal suchen. Ich lag in der 3. oder 4. Etage fast ohne Besinnung.

Nach etlichen Tagen, so alle 4 Wochen, war „Arbeitsgruppenuntersuchung". So wurde ich von der Arbeitsgruppe 3 oder 4 als Dystrophie eingestuft, musste nicht mehr arbeiten. Der Lagerarzt, ein Mann aus Erfurt, nahm mich ins Krankenrevier. Dort machte ich einen auf Sani oder Essensholer. Ich durfte aus der Fettschüssel des Arztes mir das trockene Brot schmieren. Wir haben in dem Revier ca. pro Tag 15 oder 20 Verstorbene gehabt. Diese Menschen wurden hinter dem Lager vergraben. Die wertvollen Kleider wurden ihnen ausgezogen, diese sollten wir haben. Ich bekam ein Paar Strümpfe, die habe ich bis nach Hannover angehabt - bin darin gelaufen bis Magdeburg oder bis Braunschweig. Ich weiß nicht mehr so genau.

[...]

Einig waren wir uns alle, dass unsere Mütter in dieser Zeit meist Übermenschliches geleistet haben, um uns Kinder durchzubringen, uns vor dem Verhungern zu retten, zu kleiden und vor allem zu schützen. Um wie viel schlimmer war es, wenn sie nicht da waren, nicht mehr da waren, versagten, zu schwach waren, selbst Angst hatten.

Wir haben alle unsere Erinnerungen aufgeschrieben, und das hat für die meisten schon sehr entlastend gewirkt. „Wir können sie jetzt unseren Kindern und Enkeln zeigen". Die meisten haben noch nie mit ihnen darüber gesprochen. Und auch Ehepaare untereinander haben sich erst jetzt erzählt, was sie jeweils im Krieg erlebt hatten.

„Ich kann jetzt darüber sprechen", sagte eine Teilnehmerin (Jahrgang 1940), die Schlimmes erlebt und noch nie darüber gesprochen hatte, von Angst blockiert. Sie war es auch, die zu ihrem Geburtstag, am 9. Mai, „den Frieden geschenkt bekommen hatte". Das schönste Weihnachtsgeschenk 1945 war für sie, einmal richtig baden zu dürfen. Einem Mann (Jahrgang 1933) kamen die Tränen, als er erzählte, wie er den Brand der Synagoge in Hannover in unmittelbarer Nachbarschaft miterlebt hatte. „Das werden wir büßen müssen", hatte neben ihm eine Frau gesagt. Und plötzlich hörten wir in unserem

Günther L., Jahrgang 1929

Wie lange konnten wir die Liebe und die Ruhe bei Lothars Großeltern genießen ? Vielleicht 10 Tage ? Rot leuchtete der Morgenhimmel im Südosten: Elbing brannte. Computer, bei Bratkartoffeln versagt, meldet sich wieder : zurück nach Danzig, Meldung beim Bann, da bei Kontrolle keine Papiere. Wir schauspielerten, ein Hobby von uns. Gaben an, schon lange in Grenzdorf gewesen zu sein und jetzt erst vom Aufruf gehört zu haben. Sofort sind wir gekommen. Die waren uns noch fast dankbar, daß wir da waren. Hier müssen sich Lothars und meine Wege getrennt haben. Ich wurde zwar auch Panzerjäger, kam aber in eine Ersatzcompanie, in die Paul Beneke - Jugendherberge auf dem Bischofsberg. Ausbildung in Danzig bekamen wir nicht, auch keine Waffen. Es könnte Ende Februar, Anfang März 1945 gewesen sein, genaue Zeitzuordnung fehlt mir. Erste Granateinschläge gab es in der Stadt und deutsche Flugzeuge mit russischer Besatzung beschossen die Straßenbahn. Mit dem Zug kamen wir nach Gdrösen, halfen beim Einschiffen von Flüchtlingen und schafften Proviant an Bord unter reichlicher Abzweigung für Eigenbedarf. Dann befehl selbst an Bord des Frachters zu gehen. Wir waren ca 200 Jungs. Küchenpersonal kam zum Teil ebenfalls mit. Mittschiffs suchten wir uns einen Platz und schliefen erschöpft ein. Morgens lagen wir vor Hela, Geleitzug bilden und mit Volldampf gen Westen. Unterwegs 2 x Alarm, aber nichts geschah. Wir landen in Kopenhagen, durften aber nicht von Bord. Frauen und Kinder sind schon lange weg. Dann auch wir. Aufstellung am Kai und warten. Ein Klang von Soldatenstiefeln,

[...]

Kommando rechts um, wir marschieren in 5-fer Reihe. Je eine Reihe Soldaten links und rechts von uns, schwer bewaffnet. Nackenhaare gehen hoch, was ist los ? Wir sind doch nicht ausgerückt, wir sind aus Danzig rauskommandiert! Sind wir festgenommen ? Zaghafte Anfrage bei den Soldaten : es ist unsere Eskorte. Sie beschützen uns bis wir am Ziel sind. Ziel ist eine Schule. Soldaten sind auch in dem Gebäude. Jetzt kommt eine neue Figur. Von Danzig mitgekommen, ist ein Obergefolgschaftsführer, gleichzeitig Oberleutnant. Rechten Arm verloren. Er verbietet uns an die Fenster zu gehen: Dänische Freiheitskämpfer schießen. Daher auch die Eskorte. Wir sind mehrere Stockwerke hoch, es ist langweilig. Wir haben doch Fenster, also "Schiet" auf das Verbot. Wieviele Fahrräder es gibt. Uns gegenüber ist die Post, heißt es. Was sehen wir da ? Auf unserer Höhe da drüben ist doch Remmi-Demmi. Männlein und Weiblein drehen sich zum Tanze. Eine Tanzschule vermuten wir und wir sollten von den Fenstern weg bleiben ? Eine Zumutung ! Etwas von dem schrägen Dach der Post können wir sehen, mehrere Schornsteine. Da blitzt doch etwas und lief dort nicht jemand ? Hinter dem Schornstein bewegt sich was. Dann geht der Feuerüberfall auf unser Gebäude los. Wir sausen in Deckung unter die Fenster. Zu dünn um getroffen zu werden oder schneller als die Kugeln. Nichts passiert. Türen werden aufgerissen, Soldaten springen an die Fenster, feuern zurück. Dann ist wieder Stille. Alles beruhigt sich, die Soldaten gehen auch. Nochmals geht die Tür auf. Unser einarmiger Oberleutnant mit Pistole in der Hand kommt herein. Mehrfache Frage, wer war am Fenster, aber wir doch nicht. Bei uns ist reingeschossen worden, es also jemand zu sehen gewesen ! Aufstellung vor Oberleutnant. Er legt Pistole auf den Tisch und wir müssen an ihm vorüber gehen, es bekommt jeder eine Ohrfeige. Mit links versteht sich. Wir nehmen's nicht krumm. Er hatte ja recht. Wie lange waren wir in der Schule ? Ca 8 Tage ? Dann ging es mit dem Zug nach Humlebaek-

Sletten, ein Örtchen am Öresund vor der Insel Ven, zwischen Kopenhagen und Helsingör. Jetzt hatten wir neben unserem Oberleutnant auch Unteroffiziere und Gefreite, unsere Ausbilder. Leute aus der Genesungskompanie. Der "kluge Junge" von der Drewenz wurde Hilfsausbilder und noch 2 Kameraden. In 3 Gebäuden waren wir verteilt. Unsere weiblichen Kräfte aus Danzig waren auch wieder da. Wir waren Panzerjäger, unsere Uniform: Polizei - Drillichzeug. Jetzt hatten wir auch Waffen. "Leipziger Allerlei" : Französische Deuteknarre, fast länger als wir selbst. Ich hatte einen dänischen Karabiner, den Lauf verchromt, spiegelte herrlich im Mondenschein. Versorgt wurden wir vom Heer per LKW aus Helsingör.
Von zu Hause hatten wir fast alle Geld. Ich hatte 500 RM, sollte mit meiner Schwester teilen. Sie war in Halle auf dem Flugplatz. Das Geld war nun Devisen und die waren verboten. Oberleutnant sammelte alles ein, wurde auch schön eingetragen. Nun erhielten wir Sold. Schöne dänische Kronen. Nicht viel, aber wir freuten uns. Ausbildung an Gewehr, Pistole, Stielhandgranaten und leichtem MG. Mein erster Pistolenschuß ging 2 m vor mir in den Dreck. Hatte den Lauf zu früh nieder gedrückt.
Alleine waren wir gefährdet. Nur in Gruppen durften wir ausgehen. Wir waren 6 Mann, machten auf einen Bummel durch die Felder. Ebenfalls eine größere Gruppe von Dänen kommt uns entgegen. Die waren uns überlegen, ca. 20 Jahre alt. Was haben die vor, was können wir tun ? "Windhunde" laufen doch nicht weg ! Mein Computer rattert. Ich sage meinen Kameraden : rechte Hand zur Faust machen, in die Hosentasche stecken und Daumen vorgestreckt. Dänen mußten annehmen, wir hatten Pistolen auf sie gerichtet. Fast auf gleicher Höhe mit ihnen, blieben wir stehen und ließen sie uns vorüber, in dem wir uns ihnen zuwendeten. Uns konnte nichts geschehen, egal wie sie vorhatten. Übertrieben wir ? Oder waren 6 Jungs gerettet. Vielleicht waren sie genau so ängstlich und friedlich wie wir oder aber .

[...]

Seminarraum die Stimme Hitlers donnern. Alle fuhren zusammen, aber es war nur Herr H., der das, was er im Radio gehört hatte, noch heute täuschend ähnlich nachmachen konnte. Er hatte mit seinem Vater auch Feindsender (heimlich!) abgehört, die er jetzt noch imitieren konnte. Frau P. (Jahrgang 1940) war Waise geworden und musste mit ihrem Bruder lange umherirren, ehe sie in verschiedenen Waisenhäusern aufgenommen wurde .Der Vater von Herrn D. (Jahrgang 1933) hatte Hitlers Endsieg angezweifelt, wurde an die Front strafversetzt und kam dort um. Frau O. (Jahrgang 1936) musste auf der Flucht die Vergewaltigung ihrer Mutter mit ansehen, Frau R. (Jahrgang 1937) erreichte in letzter Minute den Bunker, dessen Tür sich nach ihr schloss. Das Schreien der draußen den Bomben Ausgelieferten verfolgt sie noch heute. Und Herr L. (Jahrgang 1929) wurde aus dem Kinderlandverschickungsheim (KLV) direkt als Kindersoldat in den Krieg geschickt. Frau L. (Jahrgang 1933) erlebte die schweren Bombenangriffe und den Feuersturm auf Hannover, Herr K. überlebte die Flucht mit einem kleinen Rucksack, den er heute noch hat, litt unter der Ausgrenzung als Flüchtlingskind. Herr M. (Jahrgang 1931) erlebte die KLV-Heimschule, musste schließlich als „einziger Mann" mit 14 Jahren seiner Familie durch die Flucht aus Pommern und zweimalige schwere Bombenangriffe hindurch beistehen. Herr F. (Jahrgang 1932) erlebte in Hessen KZ-Transporte französischer Juden und dokumentiert damit, dass ein Kind „wissen konnte", wovor die Erwachsenen sich abwandten. Erschütternd waren die Geschichten von den knallroten Himmeln über den bombardierten Großstädten, vom verlorengegangenen Kind, vom veränderten „Kriegsvater", von den Erlebnissen eines jungen Soldaten (Jahrgang 1922), der bei uns zum ersten Mal davon erzählte.

Einige Teilnehmer erzählten auch sehr selbstverständlich von den Funktionen und dem Mitmachen ihrer Eltern bei den Nazis, Alltag in der damaligen Zeit. Es ist die Selbstverständlichkeit des Berufs und Tuns z. B. des Vaters, aber auch der Mutter, die wir damals als Kinder erlebt und hingenommen haben. Wir haben über Recht und Unrecht nicht diskutiert, es überwog immer der Schrecken des Krieges und die nachfolgende Hunger- und Mangelzeit.

Peter L., Jahrgang 1932

[...]

Bei uns wurden während des Krieges Feindsender gehört. Das waren Radio Beromünster in der Schweiz und der Londoner Rundfunk. Ein Problem war das durchdringene BUmbumbumbum, das durch alle Hauswände drang, wenn das Radio zu laut eingestellt war.
Am 13.2.1945 flogen hunderte von Bombenflugzeugen über uns in Richtung Dresden. Alles war weiss verschneit und vom 80 km entfernten Dresden sahen wir den roten Feuerschein. Es war schaurig-schön. Auf dem Rückflug wurden u.a. auf Burgstädt, wo wir wohnten, restliche Spreng- und Brandbomben abgeworfen. Das Heulen der Bomben war fürchterlich. Die Kinder und Erwachsenen weinten und schrieen im Keller. Mein Großvater - hannovererfahren - konnte genau am Geräusch der Bomben hr. ob Bomben uns treffen würden. Er konnte uns anhand der Geräusche beruhigen. Ein Bauernhof wurde getroffen und brannte ab.
Am 5.3.1945 wurde Chemnitz angegriffen. Wieder war der Himmel ganz rot. Am nächsten Tag fuhr ich per Bahn mit meinem Cousin nach Chemnitz (das uns das erlaubt wurde !), um nach unserer Wohnung zu sehen. Es war aufregend, die drei Kilometer vom Bahnhof bis zu uns durch eine vollkommen zerstörte Stadt zu laufen. Unser Haus sah zunächst gar nicht so kaputt aus. Wir stiegen die drei Etagen hinauf.
Wir konnten in die Wohnung hineingehen, sahen aber gleich, dass unser Wohn-, Ess-. Schlaf - und Kinderzimmer nicht mehr vorhanden waren. Alles war in die erste Etage abgesackt. Überraschend war, dass unsere Küche und Bad noch vollkomen erhalten waren. Alle Möbel waren noch da. Es war der Terrazzoboden und die Fliesen an der Wand, die das Feuer abgehalten haben. Im Treppenhaus lagen zwei russische tote Kriegsgefangene.

[...]

Marie-Elisabet L., Jahrgang 1933

[...]

1940 wurde ich in der Kestnerschule eingeschult. Die Schulstunden wurden oft durch Alarm unterbrochen und alle Kinder rannten in den Schulluftschutzkeller. Ich habe mit meinen Geschwistern und Freunden auf dem Gartenfriedhof gespielt und bei jedem Alarm flüchteten wir in die Unfallklinik. Hier habe ich den ersten Angriff auf Hannover am 11. 2. 1940 erlebt.
Am 8./9. Oktober 1943 war dann der große Angriff, die „Todesnacht", in der 95 % der Innerstadt durch Phosphor- und Brandbomben zerstört wurde. Unsere Familie flüchtete in die Unfallklinik, in unserem Haus wären wir alle verbrannt. Es brannte aber überall! In dieser Nacht wurde die ganze Familie ausgebombt, durch die Phosphorbomben ging das ganz schnell. Aber dann sollten wir den Keller verlassen. Mit triefnassen umgehängten Decken flüchtete ich mit einer Hausbewohnerin auf den Gartenfriedhof, verlor sie dann aber. Ich war ganz allein, weil meine Familie in den Keller zurückmusste. Ich kann mich erinnern, dass alles brannte, die ganze Strasse. Ich sah, dass der Turm der Gartenkirche brannte, er könnte auf uns fallen. Ich rannte durch die Arnswaldstrasse über den Aegi, wo viele Tote lagen, die durch den Starkstrom der Strassenbahn verbrannt waren, irgendwohin, hatte meine Eltern verloren, war ganz allein. Ich rannte mit anderen Menschen mit, die zum Maschsee rannten. Hier machten wir unsere Decken wieder nass, um die Hitze zu ertragen. Mich hatte ein junges Mädchen mitgenommen, da ich allein war. Und hier war auch noch Sauerstoff, und wir konnten wieder durchatmen. Alles brannte rundum, es war furchtbar, und ich hatte grosse Angst (noch jetzt kommen Tränen !).

[...]

Dieter Sch., Jahrgang 1940

Ich bin in der Hamburger-Neustadt aufgewachsen, in der Michaeliskirche getauft und konfirmiert worden. Als kleiner Junge war ich viel im Bunker wegen der Bombenangriffe, ich kann mich erinnern, dass meine Mutter mich an der Hand hatte und wir einige Strassen in den Bunkerlaufen mussten. Ich war sehr aufgeregt. Mein Vater war bei Lauenburg eingezogen worden.
Meine Mutter ist dann mit mir im Krieg nach Thüringen und in den Odenwald gezogen, um den Bombenangriffen zu entgehen, so habe ich die schlimmen Angriffe in H. nicht erlebt. Wir machten im Krieg dann sogar Urlaub in Kolberg und in Scharbeutz.

Nach dem Krieg habe ich viel in den Trümmern und Häuserruinen gespielt, das war sehr abenteuerlich und hat Spaß gemacht. Wir wohnten in der Wohnung der Grosseltern.
Intensiv habe ich die Nachkriegszeit erlebt: Buntmetall sammeln, zum Schrotthändler bringen, Polizeikontrollen umgehen.
Mein Opa hatte damals eine Kneipe am Hafen. Der Vater, als er aus dem Krieg zurück war, ging hamstern. Einer seiner Freunde arbeitete als Schauermann (Schiffe entladen) im Hafen und brachte manchmal Apfelsinen und Bananen mit. Manchmal brachte er Apfelsinen mit. Abends wurde Karten gespielt.
Meine Mutter musste nach der Scheidung meiner Eltern 1951 arbeiten und war tagsüber fort. Ich hatte mir eine „Ersatzmutter" gesucht, die Mutter eines Schulfreundes.

2000 bis 2004 habe ich eine Depression gehabt und musste eine zeitlang in der Klinik und einem Heim behandelt werden. Die Ursache sei nicht gefunden worden. Kindheit? Eine Beziehungskrise? Jetzt geht es mir wieder gut.

Kurt F., Jahrgang 1932

[...]

Am Nachmittag eines sonnigen Tages im Herbst 1943 stand auf dem Schlüchterner Bahnhof etwa eine halbe Stunde ein ungewöhnlicher Zug. Dass die Signale „rot" für den Verkehr in Richtung Fulda zeigten, war wohl der Grund für seine Fahrpause. Mehrere Maschinengewehre, die an verschiedenen Stellen über den Zug verteilt angebracht und jeweils mit zwei SS-Leuten besetzt waren, ließen bei zwei Schulkameraden und mir die spannende Frage aufkommen, was da wohl so streng bewacht würde. Von vielen Aufenthalten im Bereich des Bahnhofs waren uns Militärtransporte durchaus bekannt. Aber dieser wich in seiner Art von den üblichen mit Soldaten und Rüstungsgütern beladenen Zügen ab. Das machte uns neugierig.

Der Zug war recht lang. Er bestand aus einer großen Lokomotive und etwa 25 Vieh- oder Güterwaggons sowie drei Personenwagen, dritter Klasse. Schnell erkannten wir, dass sich in den Personenwagen Angehörige der Waffen-SS aufhielten, von denen mehrere bald die Wagen verließen. Mit zwei Hunden, an Leinen geführt, kam es gewissermaßen zu einem Kontrollgang entlang des Zuges. Was sie prüften, war uns zunächst unklar. Aber dann konnten wir erkennen, dass es ihnen darum ging, auf Besonderheiten an den Güterwagen zu achten. Als wir von ihnen auf dem ansonsten menschenleeren Bahnhofsgelände bemerkt wurden, verlangten die Bewacher unser Verschwinden. „Haut hier ab, sonst kracht 's", so habe ich das noch im Ohr. Es passte ihnen überhaupt nicht, dass wir uns in ihrer Nähe aufhielten und an ihnen und dem von ihnen bewachten Zug Interesse zeigten.

Es ist keine Frage, dass wir nun erst recht wissen wollten, welches Geheimnis da verdeckt werden sollte. Wegen unserer Ortskenntnisse bereitete es uns keine Schwierigkeiten, oberhalb des Bahnhofs in Deckung zu gehen, wo wir -durch den Wald geschützt- kaum gesehen werden und ungestört weitere Beobachtungen anstellen konnten. Wir sahen und hörten -zunächst eher staunend, fast ungläubig, dann sprach- und auch fassungslos-, dass in den Güter-(oder Vieh-)waggons Menschen eingesperrt waren. In großer Zahl waren sie auf engstem Raum zusammen gepfercht. Die Lüftungsöffnungen in den Waggons waren gitterförmig mit Stacheldraht überspannt. Man konnte da und dort einen kahl geschorenen Kopf oder auch eine Hand erkennen. Insbesondere aber kam aus diesen Wagen ein durchdringendes, anhaltendes Geräusch. Es hörte sich an, als ob viele Menschen wimmern würden.

Es gab auch unverständliche Schreie, nicht sehr laut, aber doch deutlich zu vernehmen. Eine übel riechende Flüssigkeit sickerte aus den Wagen, aus deren Innerem in einem eher holprigen Deutsch nach Wasser verlangt wurde. Von den Insassen (wir hielten sie für Gefangene) kamen französisch klingende Laute, jedenfalls waren es keine deutschen. Die Gesamtumstände erweckten den Eindruck, dass sich die eingeschlossenen Menschen in einer sehr schwierigen Lage befanden.

Die Aufseher schien dies unberührt zu lassen, auf die Rufe der Eingesperrten reagierten sie nicht. Unbeirrt führten sie ihre Kontrolle mit den Hunden durch. Es wurde keine Tür geöffnet, geschweige denn Wasser oder etwas anderes gereicht, was den Menschen in den Waggons in irgendeiner Form hätte helfen können. Sie brauchten dringend Hilfe, das war klar zu erkennen. Äußerst erregt fanden wir überhaupt keine Erklärung für diese grausige, ja gespenstische Szene.

Als der Zug dann weitergefahren war, wurde über dieses Erlebnis unter uns so gut wie nicht mehr gesprochen. Wir waren wohl geschockt. Wenn ich mich recht erinnere, habe ich nur meiner Mutter über das Geschehen berichtet, als ich wieder zu Hause war. Meine damals noch kindliche Phantasie (ich war zu dieser Zeit 11 Jahre alt) reichte nicht aus, mir vorzustellen, was mit den Menschen im Zug bereits geschehen sein mochte oder was noch auf sie zukommen würde. Von Gaskammern in Vernichtungslagern hatte ich bis dahin nichts gehört. Aber ich ahnte, dass sich in den Waggons Todgeweihte befanden.

[...]

„Am 22. Mai 1945 wurde mein Vater zu aller Bestürzung entlassen (der Vater, Jurist, SA- und Parteimitglied, wurde als Major im Krieg verwundet, verlor ein Bein und arbeitete dann im Amtsgericht). „Zur Arbeitslosigkeit kam noch die Beschlagnahmung der Wohnung (durch die Russen in der DDR)...Es folgten viele Jahre mit bitterem Hunger und Krankheiten.", erzählte eine Seminarteilnehmerin. Was der Vater im Krieg getan hat, weiß sie nicht.

„Meinen Vater kenne ich gar nicht", sagte eine Seminarteilnehmerin des Jahrgangs 1937. Der Vater, der schon sehr früh in Österreich in die NSDAP eingetreten war, war im Krieg auf zahlreichen Auslandsreisen, brachte von diesen schöne Geschenke mit und war in seinem schwarzen Ledermantel, den er immer trug, bald wieder fort. Nach dem Zusammenbruch kam er nicht wieder, die Familie sprach nicht über ihn, man munkelte nur und vernichtete seine Sachen. Erst später erfuhr Frau F., dass der Vater im Januar 1945 in Königsberg ums Leben gekommen war und dass er Obersturmbannführer der SS gewesen war. Sie traute sich nie, über ihn zu sprechen, konnte jetzt aber in unserem Seminar zum ersten Mal ihr Schweigen brechen und offen reden. Es tat ihr gut.

Als das Seminar auch außerhalb Aufmerksamkeit erregte, als wir angesprochen wurden, erklärten sich immer einige Teilnehmer bereit, vor Interessierten von unserer Arbeit und von unseren Erlebnissen und Erinnerungen zu berichten. Alle waren der Meinung, dass wir diese hinaustragen müssen, z. B. in Schulen, zu Konfirmanden, um dadurch etwas „für den Frieden" zu tun.

Karin F., Jahrgang 1937

[...]

Mein Vater hatte sich in Österreich schon vor der Ehe politisch engagiert, war wohl mit den Nazis schon früh in Kontakt gekommen, hatte ein Waffenlager unter dem Misthaufen. Dies wurde verraten, er musste nach Jugoslawien fliehen, der Hof wurde angezündet. Meine Großmutter half finanziell. Nach der Heirat gingen meine Eltern zurück nach Thüringen, nach Eisenach, hier wurde meine Schwesster 1934 geboren. Mein Vater hatte keine Arbeit, kein Geld, war in der Partei aktiv. Die Familie zog auf den Hof nach Lauchröden, wo ich 1937 geboren wurde, 1942 meine Schwester, nach deren Geburt meine Mutter 4 Wochen später starb. So wuchsen meine Schwestern und ich bei der thüringer Großmutter auf, die sehr lieb war. Meine andere Großmutter lebte in Bayern.
An den Tod meiner Mutter habe ich keine Erinnerung, auch nur wenig an meinen Vater. Der kam immer mal zu kurzen Besuchen, stand da mit seinem schwarzen Mantel und brachte uns gute Sachen mit. Ich hörte, daß er viel im Ausland war, zum Schluss in Königsberg, wo er im Januar 1945 fiel. Unter dem Tod der Mutter hatte er sehr gelitten. Über den Vater wurde dann nie gesprochen, es wurde in der Familie über ihn geschwiegen, auch mit uns Kindern nicht über ihn gesprochen. Ich hörte später, dass er in der SS und Obersturmbannführer war. Zu Kriegsende vernichtete seine Schwester, meine Tante, alle Dokumente.

Ich kann mich erinnern, dass nach dem Krieg durch das Dorf Elendszüge von Menschen zogen. Einmal wurde das ganze Dorf für 2 Tage in den Wald evakuiert, wir mussten uns still verhalten.
Dann kamen die Amerikaner und bald danach im Juni die Russen, vor denen die Erwachsenen Angst hatten: "wir müssen hier raus!" So wurde ein halber Waggon organisiert, vollgepackt mit dem Hausrat und in Eschwege in ein Lager gebracht. Wir zogen nach Bayern zu der Großmutter, die am Chiemsee wohnte. Hier halfen uns Polen (Ostarbeiter) beim Ausladen unserer Sachen, kamen aber nachts in grosser Zahl wieder und raubten uns aus. So hatten wir nichts mehr.

[...]

Ursula L., Jahrgang 1938

Ich wurde am 31. 12. 1938 in Zeitz geboren und habe noch zwei ältere Geschwister. Mein Vater befand sich im Sudetenfeldzug, und die ersten Anzeichen eines hereinbrechenden Krieges machten sich bemerkbar. Anfang August kam dann auch die Mobilmachung, am 1. 9. 1939 brach der Krieg aus, und die Männer mussten an die Front. An meinen Vater habe ich wenig Erinnerung, da er nie da war bzw. nur kurz auf Urlaub war. Da betrachtete ich ihn zunächst ziemlich skeptisch, was sich später aber legte. Als ich größer war, hatte ich ihn sehr gern. Doch musste ich meine ersten 4 Geburtstage immer ohne ihn feiern.

Zunächst lebten wir, d.h. meine Mutter, meine Geschwister und ein Kindermädchen, noch rel. ruhig, was sich aber bald änderte. Noch heute sehe ich mich in Gedanken an der Hand meiner Mutter (besonders schlimm war es nachts) in den Luftschutzkeller gehen und vor den Bomben beim Fliegeralarm Schutz suchen. Dann kam die Zeit der Verdunklung und der dauernden Angst. Obwohl es allen Menschen so ging und somit „normal" war, prägte es mich bis heute und ist unvergessen.

Als im Juni 1941 der Feldzug gegen Russland begann, war aller Siegestaumel vorbei, und es wurde immer schlimmer und schrecklicher, - auch für unsere Familie, da mein Vater im September 1941 bei Smolensk verwundet wurde und sein rechtes Bein amputiert werden musste. Dadurch ist ihm Stalingrad erspart geblieben und er blieb am Leben. Meine Mutter besuchte ihn mehrmals in einem Lazarett an der französischen Grenze. Sie ließ uns mit dem Kindermädchen oder bei den Großeltern allein. Aber hier tobte inzwischen überall der Krieg und die Luftangriffe verstärkten sich.

Mein Vater bekam nach seiner Genesung eine Stelle als Amtsgerichtsrat in Bitterfeld, und so zogen wir im Sommer 1943 dorthin und bewohnten eine sehr schöne 5-Zimmerwohnung. Im April 1944 wurde dann meine jüngste Schwester geboren, und dann begann eine Zeit des Hungers und Elends. Es strömten inzwischen auch viele Flüchtlinge aus den Ostgebieten zu uns, und wir nahmen einige auf. Sie erzählten erschütternde Dinge. Im Januar 1944 hatten wir etwa 15 mal Alarm. Wenn wir auf der Strasse „Krieg" spielten, mussten wir bei Alarm immer in den Splittergraben hinter unserem Haus, weil der Luftschutzkeller nicht sicher genug war. Ab 1945 gab es fast jeden Tag Bombardierungen, und am 17. 4. den ganzen Tag über starken Panzer- und Artilleriebeschuss. Und am Tag danach sahen wir es überall brennen, auch die IG Farben Werke in Wolfen und Bitterfeld brannten lichterloh. Wir hatten enormes Glück.

Am 21. April, dem 13. Geburtstag meines Bruders, kamen die Amerikaner und beschlagnahmten alles, sie waren aber sehr nett und anständig, besonders zu uns Kindern. Doch leider zogen sie nach kurzer Zeit ab, und es kamen die Russen!! (Schlimmer konnte es nicht kommen; ich musste sie bis 1978 ertragen, bevor ich in die Freiheit kam!). Am 22. Mai wurde mein Vater zu aller Bestürzung entlassen (da er PG, SA und Major war). Zur Arbeitslosigkeit kam noch die Beschlagnahme unserer Wohnung. Wir mussten zu 6 Personen in einem Zimmer wohnen. Und das Klo war auf dem Hof (was besonders für meinen Vater mit seinem einen Bein bei Eis und Schnee sehr beschwerlich war. Wir hatten oft wochenlang nur 6 bis 7 Grad im Zimmer und saßen in dicken Mänteln.

Dann folgten viele Jahre mit bitterem Hunger und Krankheiten wie Tbc und Typhus. Wir mussten zum Überleben Ähren stoppeln gehen, Kohlen klauen, Igelittschuhe tragen. Noch heute kann ich schwer Sirup essen oder Molke trinken, übel wird mir, wenn ich das Wort „Nährhefe" höre, Brot oder andere Lebensmittel wegzuwerfen, widerstrebt mir. Dankbar bin ich, dass ich mich jetzt satt essen kann und nicht mehr frieren muss. Ich meine, dass wir durch diese bitteren Erfahrungen an Härte, Zivilcourage, Kampfgeist und Stärke gewonnen haben und dadurch unser Leben gemeistert haben. Vor allem aber haben wir es unseren Eltern zu verdanken, dass wir überlebt haben!

Was hat der Krieg mit uns „Kriegskindern" gemacht?

Wir haben uns gefragt, was der Krieg eigentlich mit uns gemacht hat, was das Typische ist an unserer Generation. Aufgrund der intensiven Selbstbefragung und Beschäftigung mit unserer Kindheit und der dazugehörigen Zeit fiel es uns nicht schwer, viele meist übereinstimmende Eigenschaften und Verhaltensweisen zu finden. Die Geschichten schienen alle gleich zu sein, doch steckte dahinter immer das andere, individuelle Schicksal und das ganz eigene Umgehen damit. Wir stellten fest, dass es ganz wichtig war, ob eine Bezugsperson, möglichst die Mutter, bei uns war. Alleingelassen werden in einer schrecklichen Situation verursachte Traumatisierungen oft schwerster Art. Auch war das Erleben natürlich vom damaligen Alter abhängig.

Michael Ermann sagt, wir seien „eine Generation von unauffällig Tüchtigen", oft viel zu ernst und oft mit wenig Selbstmitleid. Sicher sind wir alle irgendwie tüchtig und leistungsfähig gewesen (im Beruf, denn jetzt sind wir meist Rentner), noch leistungsfähig im privat-familiären Umfeld, in ehrenamtlichen Tätigkeiten. Schäden und Traumatisierungen konnten meist erfolgreich verdrängt werden, sie machen sich dann oft erst im Alter bemerkbar. Über schlimme Erinnerungen sprechen wir oft mit großer Sachlichkeit, um den Schrecken zu bannen.

Wir sind sicher auch alle manchmal hart gegen uns selbst, können Gefühle nicht zulassen, sind bescheiden und angepasst, haben mehr Respekt vor Autoritäten, verabscheuen aber Gewalt und sind misstrauischer, gegen Fremde und gegen ideologisierende Gruppierungen. Wir können meist ganz gut organisieren und sind wohl insgesamt lebensbejahend. Unsere Väter haben wir bewundert (den Uniform-, den Heldenvater), ihn idealisiert (wenn er vermisst oder gefallen war) und natürlich betrauert. Und unsere Mütter waren für uns einfach ganz selbstverständlich wichtig, sie waren für alles zuständig und haben vieles möglich gemacht. Ihre Leistungen erkennen wir meist erst später, meist erst nach ihrem Tod. Und wir Frauen wissen auch, dass wir selbst solch eine Mutter nie hätten sein können. Sehr schlimm war es, wenn wir eine versagende, eine kalte, eine hilflose Mutter hatten (wie oben in der Geschichte der 80-jährigen Gabriele K. dargestellt). Wir mussten oft früher reif und vernünftig sein, und die, die keine Eltern mehr oder nur einen Elternteil hatten, konnten auch kein Kind mehr sein. Frühe Parentifizierung nennt man das Übernehmenmüssen von Elternaufgaben oder eine „Containerfunktion", z. B. für die Mutter, wenn der Vater fehlte.

Manche von uns haben Ängste und Albträume – ein Leben lang oder später –, leiden an Depressionen, vermeiden und kontrollieren, haben merkwürdige Angewohnheiten. Und manche werden körperlich krank, der Herzinfarkt in späteren Jahren ist dafür typisch.

Und solche Sätze wie: „Das kann doch nicht gut gehen!" oder: „Wie habe ich es nur bis heute geschafft zu überleben!" drücken manchmal eine tiefe Skepsis aus.

Psychoanalytiker und Psychotherapeuten haben Angsterkrankungen, Depressionen, psychosomatische Störungen, Beziehungsstörungen, eingeschränkte psychosexuelle Identität, psychische Müdigkeit, geringe Rücksichtnahme auf sich selbst, angepasst und funktionierend reagierend als Folgen von Kriegstraumen in der Kindheit festgestellt. Soweit wir „Kriegskinder" an diesen Störungen leiden, sie als krankheitswertig erkennen, können wir sie meist noch bis in ein höheres Lebensalter hinein behandeln lassen oder es zumindest versuchen. Da hat sich die Ansicht der Therapeuten, besonders die der Alterstherapeuten (so z. B. Hartmut Radebold), indessen geändert. Manchmal aber müssen Defekt-Heilungen, Restzustände der Störung, akzeptiert werden, aber meist bringt die Behandlung Erkenntnis über sich selbst und Entlastung. Vor allem können wir lernen, über uns zu sprechen und unsere Gefühle zu äußern, besonders in einer von Empathie erfüllten Umgebung. Und wir können versuchen, uns selbst und das traurige Kind in uns zu erkennen und besser zu verstehen.

Wenn wir hart gegen uns selbst sind, dann sind wir es sicher auch unseren Kindern gegenüber. Wir verlangen von ihnen genau solche Leistungserbringung und auch, sich „nicht so anzustellen". Sicher verstehen wir ihre Sorgen manchmal nicht und denken: Die haben es doch so gut, was wollen sie…Und wenn wir sehr sparsam waren oder sind oder sein mussten, wundern wir uns manchmal über den großzügigeren Umgang mit Geld bei unseren Kindern und die größere Genusssucht. Andererseits sind wir auch „weiche" Eltern, die wollen, dass es den Kindern besser geht, die ihnen vieles ermöglichen. Können wir uns auf ihre Probleme, gerade auch die psychischen, ausreichend gut einstellen? Und sicher haben wir manchmal unsere Traumata transgenerationell auf sie übertragen, weil wir uns viel zu spät darum gekümmert haben. Dies wollen wir nun mit unserem Tun zumindest für die nächste und alle weiteren Generationen verhindern, oder es zumindest versuchen. Ob es uns gelingt?

Insgesamt sind wir uns alle einig darüber, dass wir Kinder waren, die großes Glück hatten, Glück zu überleben und die Chance, in einem friedlichen Deutschland die zerstörten Städte wieder aufbauen zu können, für ein Leben in Frieden einzutreten, in dem unsere Kinder und Enkel aufwachsen können. Letzterem Ziel soll unser Erinnern und Erzählen dienen, das gleichzeitig auch ein Mahnen sein soll.

Die „Kriegskinder" von damals erzählen den Kindern von heute

„Wir müssen unsere Geschichten erzählen, wir müssen berichten, wie es war, damit vor allem die junge Generation heute die Vergangenheit kennt und sich für eine friedliche Zukunft unseres Landes einsetzen kann. Sie muss wissen, wie schlimm Krieg ist, der ja nun schon so lange bei uns vorbei, aber immer noch auf der Welt ein Mittel der Auseinandersetzung ist." Das war die einhellige Meinung der Seminarteilnehmer, als wir die Aufmerksamkeit, die unser Seminar erregte, bemerkten.

Aus dem Kreis der Seminarteilnehmer wurden Kontakte zu Institutionen geknüpft. So wurde ein kleiner Kreis des Seminars in einen Seniorenkreis in einem Nachbarstadtteil eingeladen, um von unserer Arbeit zu erzählen und den hier lebenden „Kriegskindern" – besonders zahlreich sind es Nachkommen von Vertriebenen – Mut zu machen, ihrerseits sich zu erinnern und zu erzählen.

Eine Einladung, die uns besonders erfreute, erhielten wir von einer Pastorin, in ihren Konfirmandenunterricht zu kommen. Auch hier berichtete ein Teil unserer Seminarmitglieder ca. vierzig fasziniert und ergriffen lauschenden Kindern: Herr H. erzählte von Anfängen der Kriegszeit (Synagogenbrand und Kristallnacht, Kommunistenverfolgung, Nazipropaganda und Feindsenderabhören), Herr L. hatte den Beginn des Krieges in Danzig (Westerplatte, die ersten Schüsse) und sein Leben in der „Kinderlandverschickung" und als Kindersoldat geschildert, Frau L. hatte die Bombenangriffe auf Hannover und besonders den großen Angriff mit dem fürchterlichen Feuersturm erlebt, Frau R. die Evakuierung aus H., Herr K., der mit dem Rucksack, warb für Toleranz und Integration, weil er Ausgrenzung als Flüchtling selbst erlebt hatte. Die Konfirmanden, die einen Vorstellungsgottesdienst vorbereiteten, hatten die Gelegenheit, in kleinen Gruppen noch einmal genauer nachzufragen. Sie entschieden sich nach der Begegnung mit unserem Kreis spontan für das Thema „Unglück, Krieg und Tod" und baten uns, als Zeitzeugen und Interviewpartner aufzutreten.

So wurden wir dann, eingebettet in den von den Konfirmanden kreativ gestalteten und von ihrer Pastorin einfühlsam theologisch eingerahmten Gottesdienst von den 13- bis 15-jährigen Kindern sehr professionell per Mikrofon befragt:

„Was haben Sie im Krieg erlebt?", „Was war Ihr schlimmstes Erlebnis?", „Ist Krieg sinnvoll?", „Was kann man gegen Krieg tun?".

Und sie erarbeiteten nach unseren Erlebnissen, dass Krieg nie gut ist.

Aus der Predigt, die die Pastorin zusammen mit den Konfirmanden schrieb, möchte ich zitieren:

„Warum lässt Gott zu, dass Krieg geschieht? Krieg ist böse. Unschuldige Menschen sterben, andere müssen unter unwürdigen Umständen leben. Kinder müssen Soldaten werden, Städte werden zerstört, Menschen werden obdachlos und hungern. Für die einen fängt Krieg bei der kleinsten Aggression an, für andere ist er einfach schrecklich und undenkbar. Eine Kriegserfahrung ist schrecklich. Kriege entstehen, weil es zwei unterschiedliche Positionen gibt, jeder will andere unterwerfen, und diese Meinungsverschiedenheiten können nicht politisch geklärt werden. Kriege entstehen aus Uneinigkeit, aus dem Kampf um Bodenschätze und Siedlungsräume. Menschen werden getötet, weil zwei sich streiten, aber es gibt keinen Sieger, nur Verluste. Zu viele mischen sich ein, die das Problem nicht verstehen und versuchen, alles besser zu machen. Kriege sind Gewalt. Gewalt beginnt bei Gewaltspielen, beim Drehen von Handyvideos, bei sexuellem Missbrauch, bei Gewaltverbrechen, im Umgang mit Geld und bei der Ausübung von Macht. Auch Jesus hat Gewalt erlebt. Im Garten Gethsemane wurde er gewalttätig von Soldaten verhaftet. Einer seiner Jünger will ihn mit aller Gewalt verteidigen.

Wir haben mit Menschen gesprochen, die im Zweiten Weltkrieg so alt waren wie wir jetzt. Und wir haben sie gebeten, noch einmal mit uns zu reden.

Die Reaktionen der Kinder auf unsere Erzählungen und ihre Vorschläge zu einem besseren Verhalten haben uns sehr berührt:

„Jesus will keine Gewalt, selbst dann nicht, wenn ein gutes Ziel damit verfolgt wird, nämlich sein Leben zu retten. Er heilt den Menschen, der ihm Gewalt antun will. Gewalt und Kriege gibt es, seit es Menschen gibt. Denn wir leben nicht mehr im Paradies. Seit Adam und Eva von dem Baum der Erkenntnis gegessen haben, sind Menschen keine Marionetten Gottes, sondern sie haben die Freiheit, zwischen gut und böse zu entscheiden. Und Menschen können sich entscheiden, Gutes zu tun, sie können sich aber auch entscheiden, Böses zu tun. Gott kann Menschen, die nicht an ihn glauben, nicht daran hindern. Gott lässt diese Freiheit zu. Wir Menschen sind es, die das Böse zulassen. Wir können unsere Meinung zum Krieg laut äußern, wir können versuchen, Menschen auf unsere Seite zu ziehen, wir können uns in einer großen Gruppe an die Kriegsführenden wenden. Wir können Menschen pflegen, die Krieg erleben. Wir können für Menschen spenden und denen, die Krieg erleben, so Kraft geben.

Unser Kunstwerk zeigt eine Friedenstaube. Die Friedenstaube symbolisiert Frieden und Freiheit, das ist das Gegenteil von Krieg. Auf einem anderen Kunstwerk sieht man zwei Menschen, die sich die Hand geben. Der rote Hintergrund steht für die Farbe der Liebe."

Wir waren uns mit den Konfirmanden einig, dass Krieg ein großes Unglück ist, und dass z.B. das Erinnern unserer „Kriegskindergeneration" und Sprechen mit den Kindern von heute ein wichtiges Mittel zur Friedensförderung ist. Das Böse, den Krieg z. B., machen die Menschen, und Gott kann es leider nicht verhindern, war auch eine wichtige Schlussfolgerung.

Es waren natürlich viele Eltern und Großeltern in diesem Gottesdienst, die ebenfalls sehr beeindruckt waren. Schon unser Auftreten im Unterricht hatte große Aufmerksamkeit im Ort erregt. Sie wollten, nach Rückmeldung der Pastorin, nun auch mit ihren Enkeln sprechen. Die meisten von ihnen hatten es noch nie getan, und dies in einem

Stadtteil mit einem hohen Anteil an Flüchtlingsfamilien und Migranten! So hatten wir uns unsere Arbeit vorgestellt: Kontakt zu der jungen Generation und eine Multiplikation in die Gesellschaft. Es funktioniert offenbar!

Zu einem Gymnasium knüpfte ein Seminarmitglied den Kontakt. Die Fachleiterin für Geschichte und eine Kollegin luden uns in jeweils eine Geschichts-Doppelstunde ihrer 10. Klassen (15- bis 16-Jährige) ein. Sie hatten gerade das „Dritte Reich" und den Zweiten Weltkrieg durchgenommen und beendet. So konnten wir ihnen mit unseren Erzählungen eine anschauliche und lebensnahe Ergänzung ihres Unterrichts bieten.

Sehr eindrucksvoll sind immer die Schilderungen von Frau L., die die Luftangriffe auf Hannover erlebte, die gerade in dem Stadtteil stattfanden, in dem die Schule liegt. Sie hatte auch gleich nach Kriegsende als Schülerin mitgeholfen, Ziegel für den Wiederaufbau gerade dieser Schule „abzuklopfen". Herr M. berichtete von seiner Schulevakuierung in ein Heim der KLV (Kinderlandverschickung) in den Warthegau und wie es dort zuging (militärischer Drill und viel Heimweh), andererseits dann Flucht mit der Familie wieder zurück, bei der er als 14-Jähriger der „einzige Mann" für Trost und Hilfe war und zwei schreckliche Bombenangriffe überstehen musste. Herr F. hatte den Transport von französischen Juden in ein KZ in seiner Heimatstadt erlebt. Er ist noch heute sehr bewegt, wenn er darüber spricht, warnte eindringlich vor den totalitären Vereinnahmungen eines Regimes. Frau D. hatte Unvorsichtigkeiten und andererseits die Angst erregende Courage ihrer Mutter miterleben müssen, die immer eine sofortige Inhaftierung zur Folge haben konnten.

Die Schüler verfolgten alles sehr aufmerksam. „Mein Opa war in Russland im Krieg und hatte erfrorene Beine, als er zurückkam. Er war in Stalingrad (hatte zum Glück überlebt)". „Meine Oma hat auch den Krieg erlebt, aber sie erzählt nichts". „Ich komme auch aus Köslin (in Polen), wo Sie waren. Mein Vater ist Deutscher, meine Mutter Polin". „Haben Sie noch Albträume? Was ist bei Ihnen zurückgeblieben?". „Wie ist die Aufarbeitung in der Bundesrepublik? Waren die 68er die Ersten?". „Haben Sie Juden gekannt?" Es waren hier teilweise sehr differenzierte Fragen, über die wir in eine rege Diskussion gerieten, für die die Stunden kaum reichten. „Das war ein viel besserer Unterricht als sonst", sagte eine Schülerin am Ende, errötend, weil sie ihrer Lehrerin keine Kritik antun wollte. Aber wie diese hatten wir die spontane Äußerung für ein großes Lob genommen.

Wir wurden auch in die Kooperative Gesamtschule eines Nachbarortes eingeladen, die Empfehlung kam aus dem Kreis der Konfirmandeneltern. Hier veranstaltete eine Geschichtsklasse der „Einführungsphase" für die Parallelklassen unter Anleitung und Vorarbeit ihres Geschichtslehrers eine Podiumsdiskussion mit Vertretern unseres Seminars, die sie selbst und sehr professionell vorbereitet hatten. Es ging um das Thema „Kriegskinder, als der Krieg zu Ende war". Auch hier fanden wir große Aufmerksamkeit und hohes Interesse bei den 15- bis 16-Jährigen, die uns interviewten, filmten und fotografierten. Sie stellten mit diesen Materialen eine CD-Dokumentation für ihren Unterricht zusammen. Für eine weitere Veranstaltung mit der nächsten Geschichtsklassenstufe zu diesem Thema sind wir erneut eingeladen worden.

Die „Kriegsenkel"

Und die Kinder der „Kriegskinder", die „Kriegsenkel"? Sabine Bode hat nach den „Kriegskindern" eine eindrucksvolle Untersuchung („Kriegsenkel") über diese dritte Generation mit vielen Interviews veröffentlicht. Nachdem wir, wir „Kriegskinder", uns an uns selbst erinnerten, betrachteten wir auch in einer „Nachschaustunde" unsere Kinder, soweit wir welche haben.

Sabine Bode schrieb, dass die Kinder der „Kriegskinder" meist noch nie darüber nachgedacht hatten, dass ihre Eltern eine „Kriegskindheit" hatten. Dies fanden wir bestätigt.Sie hatten oft nur geringen Bezug zu oder Interesse an der Vergangenheit, sie waren der Nazi- und Kriegsgeschichten überdrüssig („Opa erzählt schon wieder vom Krieg!"). Aber das waren nur die „Heldengeschichten", die erzählt wurden, die wirklichen Geschichten und Erlebnisse wurden meist zurückgehalten. Und das Schweigen in den Familien schafft zusammen mit dem großen zeitlichen Abstand ein Übriges für Desinteresse an diesem Thema. Diese Eltern wussten es ja auch selbst nicht. Sie hatten nicht das Gefühl, etwas Schlimmes erlebt zu haben („Alles war so normal!" „Wir hatten doch eine schöne Kindheit!", „Andere hatten es schlimmer!"). Sie waren meist „über sich selbst ahnungslos". Durch das Glück, überlebt zu haben und mit viel Aufbauarbeit nach dem Krieg beschäftigt, wurden schlimme Erlebnisse und Erinnerungen verdrängt oder auf Abstand gehalten. Die Eltern, die „Kriegskinder", waren oft auch emotional blockiert. Sie konnten sich wenig um das psychische Befinden der Kinder (der „Kriegsenkel") kümmern. Da diese als Friedenskinder nun in relativem Wohlstand aufwachsen konnten, dachte man, sie kämen schon zurecht. Sie haben es ja so gut! Jedoch konnten die Erfahrungsgeschichten der ersten und zweiten Generation zwar verdrängt, verleugnet oder bagatellisiert werden, sie ließen sich jedoch nicht löschen und haben so auch Spuren bei der dritten Generation hinterlassen.

Diese Generation der „Kriegsenkel", die um 1960 bis 1975 Geborenen, ist oft sehr konsumorientiert. Sie fühlen sich verunsichert trotz guter Lebensbedingungen und sagen: „Mir fehlt der sichere Boden unter den Füßen". Sie trauen sich oft nicht, eine Familie zu gründen, haben Bindungsstörungen und sind viel zu sehr mit Loyalität und Fürsorge ihren Eltern gegenüber beschäftigt. Dadurch versäumen sie oft das eigene Leben, das eigene Fortkommen. Auch ist festzustellen, dass sie die Auseinandersetzung mit den Eltern, der Kriegskindgeneration, vermeiden oder wenn, es dann erst spät versuchen. Ist es ein unterschwellig gespürtes Trauma der Eltern, über das geschwiegen wird?

Aber die „Kriegsenkel" sind selbst nicht traumatisiert, sie müssen auch nicht die Last der Eltern tragen. Sie haben die Chance, zu reflektieren, zu bearbeiten, sich zu lösen. Manchmal entwickeln sie eine manifeste Erkrankung und können dadurch „Implantate" der Großeltern und Eltern bearbeiten, bisher unübersichtliche Über-Ich-Aufträge sichtbar machen und das verunsicherte Lebensgefühl der Vor-Generationen durch Flucht- und andere Kriegsschicksale auflösen. Für manche „Kriegsenkel" gibt es nur diesen Weg. Die „Kriegsenkelgeneration" ist dadurch auch stärker an Psychotherapie interessiert. Panikstörungen sind in dieser Generation meiner Beobachtung nach besonders häufig, nicht wahrgenommene oder nicht zugelassene negative Gefühle, oft in Bezug zu den Eltern, als Beziehungsstörungen zu ihnen oder stellvertretend zu ihren Partnern. War es bei der Vorgeneration der äußere Krieg, so ist es hier der „Krieg" im Inneren, der die „Enkel" umtreibt. Unsicherheiten, Ängste sind bei ihnen viel häufiger zu beobachten.

Viele Kriegsenkel klagen über den ihnen auferlegten Leistungsdruck, weil die Eltern dies als richtige Erziehungsmaßnahme ansehen. Aber manchmal ist das auch Ausdruck der Angst der Eltern, nach Flucht, Vertreibung und Bombardierung alles wieder zu verlieren, das neu Errungene deshalb zu halten und zu mehren und dies auch so den Kindern zu übertragen. Dagegen zu rebellieren, auch gegen stellvertretend übertragene Schuldgefühle und Fürsorgeaufträge, ein solches Verhalten kann der Enkelgeneration helfen, zu sich selbst zu finden und die eigenen Lebensziele wichtig zu nehmen. Denn diese Generation hat keine Schuld! Sie muss nur wissen, was war, und nicht vergessen.

Eine Patientin, Jahrgang 1963, mittleres von drei Kindern eines Lehrerehepaares, die Kriegskinder (Flüchtlinge) und sehr um Integration und Leistungserbringung bemüht sind, erspürt die Schwierigkeiten ihrer Eltern, die auch mit dem ersten Kind, einem schwierigen Protestkind, zusammenhängen. Sie, intelligent und sensibel, versucht den Eltern ein braves, angepasstes Kind zu sein, was ihr auch gelingt. Sie bekommt viel Lob („zum Glück haben wir die K..."), hält sich mit eigenen Lebensäußerungen zurück, erlebt keine Pubertät, hilft schließlich, den kleinen nachgekommenen Bruder mit zu erziehen, macht ein Einser-Abi und ergreift einen Beruf, den sie nicht kennt (Medizin, wegen der „Eins"). Auch hier gelingt ihr alles gut, sie durchläuft alle Stationen mit Bravour, eine Beziehung scheitert, schließlich bricht sie bei der Arbeit in der Chirurgie zusammen: „burn out", aber eigentlich eine Angsterkrankung. Lange Klinikaufenthalte und Therapien bringen sie zu der Erkenntnis: Ich habe immer gegen mich gelebt, weiß gar nicht, wer ich bin, was ich fühle. Ich war das liebe Kind meiner kriegsgestörten, überforderten Eltern. Sie sucht nun ihren Weg.

Und die vierte Generation, die „Kriegsurenkel", die heute etwa 10- bis 18-Jährigen, die wir mit unserer Gruppe in der Schule und im Konfirmandenunterricht getroffen haben, ist wiederum sehr interessiert an den Zeitzeugenberichten, weil sie meist gar nichts weiß über Kriegserlebnisse in ihrer Familie. Die Großeltern haben meist nichts erzählt, und die Eltern sind deshalb ebenfalls oft unwissend. Auch ist sicher mit dafür verantwortlich, dass nun wieder eine weitere Generation zwischen den vergangenen Kriegsereignissen liegt, die inzwischen so fern sind. Diese Kinder als künftig handelnde Generation zu erreichen, war uns besonders wichtig, und es ist uns meist gelungen. Darüber waren wir selbst sehr überrascht, denn wir rechneten zunächst nicht mit diesem beeindruckten Interesse. Aber die „Generationen-Analyse" mit den festgestellten psychischen Verstrickungen in dieses Thema gibt eine Erklärung.

Andererseits hat diese Generation meist gute Kenntnisse über den Krieg und den Nationalsozialismus. Sie wurden ihnen in der Schule vermittelt, so dass diese Themen gut präsent sind. Sie möchten nicht zu einer Betroffenheit gezwungen werden. Dabei hat jüngst eine Untersuchung im Auftrag des „Zeitmagazins" (Nr. 45) ergeben, dass zumindest zum Thema „Nationalsozialismus" 69 % der 14- bis 19-Jährigen sich sehr dafür interessieren, 80 % Erinnern und Gedenken für sinnvoll halten. Diese Jugendlichen können jetzt offener und auch distanzierter zu der eigenen Familie damit umgehen. Aber Zeitzeugenberichte zu hören, das berichten auch KZ-Überlebende, wenn sie in Schulen gehen, das erleben die Schüler als einen sehr gewinnbringenden, lebendigen Unterricht. Und das haben auch wir mit unserer „Kriegskindergruppe" immer wieder erlebt, denn die Erlebnisse von ganz normalen deutschen Kindern sind das unmittelbare Ergebnis des Nationalsozialismus und damit auch sein Ende. Das Schweigen im Land und in den Familien hat das Erzählen der Großeltern verhindert. Wir versuchen, dies nachzuholen.

Wriezen, ehem. „Festung", mit dem „Lebensbrunnen" vor der Ruine der Marienkirche von Horst Engelhardt, 1997

Epilog

„Ohne Erinnerungsarbeit gibt es kein Gefühl der Kontinuität des eigenen Lebens – ohne diese gibt es keine positive Identität", sagt Michael Ermann. Wir „Kriegskinder" wollen uns nun endlich erinnern, darüber sprechen und unsere trotz aller Schäden des vergangenen Krieges neu gewonnene positive Identität weitergeben an die nächsten Generationen, nicht die unausgesprochenen Traumen. Ja, es ist wichtig zu akzeptieren, dass wir eine beschädigte Kindheit hatten, dass wir unsere Absonderlichkeiten und „Macken" kennen und wissen, woher sie kommen, auch dies – humorvoll – akzeptieren, darüber auch lachen können. Wir wollen trotzdem unser Leben bejahen und versuchen, in Frieden alt oder älter zu werden, denn wir haben das Glück, überlebt zu haben und in friedlichen Zeiten weiterleben zu können. Indem wir das Schweigen brechen, können wir unsere Traumen verringern und mit der nächsten Generation eine bessere Beziehung eingehen, die uns wiederum auch besser versteht. Und wir können und müssen sie für ihr eigenes Leben freigeben.

65 Jahre nach Kriegsende beschäftigen wir uns immer noch mit der Kriegs- und Nazizeit, als sei diese noch nicht zu Ende. Die Auseinandersetzung damit, die nun endlich auch die Kriegskindheiten erreicht hat, bestimmt immer noch unser Leben und das zwischen den Generationen. Durch den Fall der Berliner Mauer und die Ostöffnungen sind neue Erkenntnisse möglich, ein Aufsuchen von Orten und das Knüpfen freundschaftlicher Kontakte. Es können die Gräber von gefallenen Vätern und Großvätern gefunden und aufgesucht werden, damit ein Ort für Trauer und Verarbeitung installiert werden (dank Volksbund Deutsche Kriegsgräberfürsorge). Auch dadurch kann die Nachkriegszeit beendet und ein friedliches Miteinander mit den östlichen Nachbarvölkern möglich werden.

Es ändert sich viel in dieser Zeit. Wir können eine viele größere Offenheit, ein gesteigertes Interesse an unserer Vergangenheit erkennen. Wir müssen nicht immer nur an Schuld und Scham ob des von unserem Volk begonnenen Krieges denken, wir dürfen jetzt endlich daran erinnern, dass auch wir, die Kinder damals, gelitten haben. Als ob ein Schleier gehoben und die Scheu hinweggefegt wurde, die Ängste vor dem Thema Zweiter Weltkrieg überwunden zu sein scheinen! Der oben dargestellte, jetzt große Umfang von Veröffentlichungen über dieses Thema und das insgesamt veränderte Klima diesbezüglich in unserem Land haben dazu beigetragen. Andererseits ist es eben auch das Älterwerden der „Kriegskinder", die jetzt dankbar das neue Interesse an ihrer Biografie annehmen, und denen sich nun in der kürzer werdenden Lebenszeit diese oft unausgesprochenen Erinnerungen aufdrängen.

So hörte ich gerade kürzlich in den Gesprächen einer Veranstaltungspause gleich drei spontan mitgeteilte „Kriegskinderlebnisse", auf nur kurzes Nachfragen hin war alles sofort da und bereit, mitgeteilt zu werden. Ein Freund (Jahrgang 1937) erzählte: *„Mein Vater war 1945 gerade gefallen, ich war acht Jahre alt und der Älteste von mehreren Geschwistern, mit meiner Mutter allein. Es war in Hinterpommern, und wir waren jetzt nach Kriegsende vor die Wahl gestellt worden, polnisch zu werden oder wegzuziehen. Meine Mutter entschied sich für letzteres, und kaum hatten wir unser Haus verlassen, meine Mutter das Baby auf den Arm genommen, da brannte es auch schon. Es war sofort hinter uns angezündet worden. Wir kamen gerade so eben über die Oder".* Dieses Erlebnis präge sein ganzes Leben. Er könne jetzt darüber sprechen. Einer Frau (Jahrgang 1929) fiel ein: *„Ich habe als 16-Jährige in Tilsit bei den Russen im Krankenhaus geputzt und auch Zähne gezogen. Ich musste mich jünger machen, als 14-Jährige ausgeben, mit Zöpfen und so, sonst wäre ich nach Sibirien verschleppt worden. 1946 wurden dann alle Deutschen innerhalb weniger Tage aus Tilsit ausgewiesen, zum Glück."* Und an einem anderen Tisch stand ein Mann Jahrgang 1933, der den roten Himmel von Hannovers Feuersturm von Springe aus, wohin seine Familie evakuiert worden war, mit Grauen gesehen hatte. Sein Vater war Arzt in Stalingrad und ist dort gefallen. Der Vater seiner Frau hatte schon ein Jahr eher den „Heldentod" erlitten. „Kriegskinder" eben! Alle haben ihre Geschichte.

Unser Erinnern hat die Botschaft: Krieg ist immer ein schreckliches Ereignis, Krieg bringt immer Not und Elend über die Menschen, generationenübergreifend. „Alles ist schon so lange her, nun muss doch mal Schluss sein", sind oft Argumente, die wir hörten. Ja, genau deshalb wollen wir an die Kriegsschrecken erinnern, die gerade auch Kinder betreffen und ihre Entwicklung nachhaltig schädigen. Das wird heute vielleicht manchmal vergessen, so fern ist alles schon wieder. Und die Menschen vergessen gern. Aber immer noch oder schon wieder gibt es Kriege in unserer Nähe, es gibt immer wieder Not und Leid und Kriegskinder. Diesen kriegsgeschädigten Kindern aus dem Kosovo, aus Albanien oder dem Irak müssen wir materielle und psychosoziale Hilfe zuteil werden lassen, damit sie nicht ihre Traumatisierungen an die nächste Generation weitergeben. Wir werben deshalb für Toleranz und Akzeptanz anderer Menschen, ihrer Sitten und Religionen besonders bei der heutigen jungen Generation.

Auch nutzen heute rechte Gruppierungen die Kriegsleiden der deutschen Bevölkerung für ihre Hetze gegen die Nachbarstaaten, ohne die Ursache dafür mit dem deutschen Kriegsbeginn zu verbinden (so geschehen im Februar 2010 in Dresden anlässlich des Jahrestages der fürchterlichen Bombardierung der Stadt). Deshalb ist Aufklärung und Kenntnis der Tatsachen von grundlegender Bedeutung für Versöhnung. Wir dürfen aber auch trauern um das Zerstörte, das Verlorene, das Beschädigte in unserem Leben. Denn noch einmal gesagt: „Das Erlebte und Erlittene muss benannt und begriffen werden, damit wir es loswerden. Der Streit um die Zukunft eines Landes wird immer auch entschieden durch die wahrhafte Darstellung der Vergangenheit".

Anstelle eines Nachworts

R., Jahrgang 1922

[...]

Wir sahen DANZIG brennen, nur die HALBINSEL HELA war noch in deutscher Hand. Wir kamen auf Lazarettschiffe, die auf Rede lagen und dann den gleichen Kurs wie die "GUSTLOFF" fuhren. Auch Lazarettschiffe wurden angegriffen, aber wir gelangten heil bis STETTIN. Wir schlugen uns bis zur Heimatkaserne in WEIMAR durch, denn wir sollten ja auf die Kriegsschule. Aber inzwischen war dort die "Westfront" angekommen. Dort wurden wir dann von den Amerikanern gefangengenommen. In dem Massenlager von BAD KREUZNACH standen wir wie Vieh in Schnee und Regen ungeschützt unter freiem Himmel, wo man uns fast verhungern ließ. Wäre ich nicht jung gewesen, hätte ich das nicht überlebt! Nach einigen Monaten wurden wir an die Franzosen ausgeliefert, bei denen ich den Rest meiner zweijährigen Gefangenschaft abbüßte.

[...]

Und Jahre danach:

```
Hans-Dieter
███████████████
███████████████


Herrn Bürgermeister
     der Gemeinde Bretzenheim / Nahe
D-55559 Bretzenheim


Betrifft: Mahnmal "Feld des Jammers"

                                    den 27. Februar 1998
Sehr geehrter Herr Bürgermeister,
     als ehemaliger Gefangener und Überlebender der Schreckens-
lager Bad Kreuznach / Bretzenheim von 1945 hatte ich im Vorjahr
Gelegenheit, diese Stätte nach 30 Jahren erneut zu besuchen.
     Auf den kümmerlichen Resten des einstmals weiten Feldes fand
ich nunmehr ein in seiner Schlichtheit ergreifendes Mahnmal des
Grauens und des Leidens der hier wie das Vieh auf offner Weide
eingepferchten Menschen vor.
```

Wenn auch wegen des Umfangs und der bestialischen Systematik des Mordens in Auschwitz, Buchenwald und anderen Lagern ein unmittelbarer Vergleich nicht möglich ist, so sollten wir doch nicht mit dem Mantel des Schweigens zudecken, daß der Tod, der in den Lagern Bad Kreuznach / Bretzenheim seine Ernte hielt, anfangs durchaus das willkommene Geschäft des Siegers tat, bis das energische Eingreifen des Internationalen Roten Kreuzes noch größeres Unheil verhinderte (siehe hierzu das Buch von James Bacque, *OTHER LOSSES*, Toronto 1989, in d. Übers. *DER GEPLANTE TOD*, Ullstein).

NIE WIEDER KRIEG - FRIEDE ! Dies ist die eindringliche Mahnung, die solche Stätten an uns richten. Denn ist die Kriegsfurie erst einmal entfesselt, brechen alle Dämme zivilisierten Verhaltens und die im Menschen schlummernden lebensfeindlichen zerstörerischen Triebe erhalten freie Bahn - bei allen Beteiligten.

NIE WIEDER KRIEG - FRIEDE ! Diese Mahnung und Botschaft in die Welt hinauszutragen, diese Gelegenheit haben die schmerzlichen Ereignisse von 1945 der Gemeinde Bretzenheim (u. Kreuzn.) gegeben.

Jedoch: Nur einem Ortskundigen gelingt es, zu dem Mahnmal hinzufinden, so schlecht und unzureichend ist die Ausschilderung schon von Bad Kreuznach an. Einmal an der richtigen Stelle angelangt, ist es unmöglich, den kleinsten Parkplatz zu finden, ohne sich und den auf der geraden Strecke schnell rollenden Verkehr zu gefährden. Es muß der Eindruck entstehen, als wolle man den eingeweihten Besucher von einem Verweilen abschrecken und den Nichtwissenden am besten nicht aufmerksam machen.

Eine solche Situation ist beschämend und der von diesem Ort ausgehenden Botschaft unwürdig.

Daher appelliere ich an die Gemeinde Bretzenheim und andere zuständige Stellen, sich ihrer Friedensmission deutlicher bewußt zu werden und die aufgezeigten Mißstände zu beseitigen.

Mit vorzüglicher Hochachtung

<u>Kopie</u> z.K. an den Herrn Oberbürgermeister von Bad Kreuznach
an zuständiges Ministerium des Landes Rhl.-Pfalz, Mainz
z.I. an den Volksbund Deutsche Kriegsgräberfürsorge, Kassel

Danksagung

Ich danke dem Seniorenbüro Kirchrode der Landeshauptstadt Hannover, das unserem Seminar einen Platz in seinem Programm an zwei Halbjahren und einen Raum für die Durchführung zur Verfügung stellte, besonders Herrn Preiser als Programmgestalter und Herrn Dr. Degen als Sprecher.

Ich danke meinen Seminar- „Mitstreitern/innen" für ihr engagiertes Mitarbeiten und für ihr persönliches Einbringen in ein Thema, das manchmal auch sehr schmerzlich ist.

Ich danke Frau Mirjam Schmale, Pastorin in Anderten und auf dem Kronsberg, die eine Gruppe unserer Teilnehmer/innen in ihre Konfirmandenunterrichtsstunde einlud. Die Kinder waren von dem Thema so beeindruckt, dass sie uns mit dem Thema „Kinder und Krieg" in ihren Konfirmations-Vorbereitungsgottesdienst integrierten.

Ich danke Frau Christa Meyer, die einen Teil unserer Seminarmitglieder in einen Gruppennachmittag ihres Seniorenkreises in Wülferode einlud, um hier von unserer Arbeit zu berichten und zu ähnlicher Biografie-Arbeit über das Thema „Kriegskinder erinnern sich" zu ermutigen.

Ich danke auch den engagierten Lehrkräften der St.Ursula-Schule in Hannover, Frau Theobald und besonders der Fachleiterin für Geschichte, Frau Woltermann für ihre Einladung, mit einer Gruppe unserer Seminarteilnehmer in ihre Geschichtsklassen zu kommen, hier zu berichten und mit den Schülern zu diskutieren.

Ich danke dem Fachleiter Geschichte, Herrn Stefan Bahls der KGS Sehnde (Kooperative Gesamtschule), der uns zweimal zu einer „Podiumsdiskussion" über das Thema „Kriegskinder" und „Als der Krieg zu Ende war" mit seinen 10. Klassen (Einführungsphase) eingeladen hat.

Und schließlich danke ich Frau Christel Suppa, die den Kontakt zum Verlag herstellte und dadurch mit dazu beitrug, dass dieses Buch realisiert werden konnte. Ebenso danke ich dem Geschäftsführer des Lutherischen Verlagshauses, Herrn Christof Vetter, für die Bereitschaft, dieses Buch ins Programm des LVH aufzunehmen, und meiner Lektorin, Frau Corina Kruse-Roth, die dort für das Buch zuständig war und es sehr sorgfältig betreute, sowie der Grafikerin Sybille Felchow für die ansprechende Gestaltung.

Anette Winkelmüller
April 2011

Literatur

Bar-On, Dan „Die Last des Schweigens", Campus 1993
Bode, Sabine „ „Die vergessene Generation", Piper 2005
Bode, Sabine „Kriegsenkel", Klett-Cotta 2009
Boveri, Margret „Tage des Überlebens", Berlin 1945, dtv 1970
Erichsen, Johann, Hoppe, Johann (Hg.) „Peenemünde.
Mythos und Geschichte der Rakete. 1923-1989."
Katalog des Museums Peenemünde, 2004, Nicolai
Ermann, Michael „Münchner Kriegskindheits-Studie" 2003
Ewert, Müller, Pollmann „Frauen in Königsberg",
Kulturstiftung der deutschen Vertriebenen 1999
Freud, Anna, D. Burlingham „Kriegskinder in London",
Imago Publishing 1949
Freud, Sigmund „Vorlesungen zur Einführung in die Psychoanalyse
(1915-1917)" Bd. I, S. Fischer 1969
Gast, Markert, Onnasch und Schollas „Trauma und Trauer", Klett-Cotta 2009
Haarer, Johanna „Die deutsche Mutter und ihr erstes Kind", München 1936
Hirsch, Matthias „Schuld und Schuldgefühl", Vandenhoeck und Ruprecht 1998
Huber, Michaela „Trauma und die Folgen", Junfermann 2009
Huter-Weilandt, Kathrin „Der Pakt des Schweigens – ein traumatischer Prozess?",
Diplomarbeit 2004
Jetter, Monika „Mein Kriegsvater", Hoffmann und Campe 2008
Kossert, Andreas „Kalte Heimat", Siedler München 2008
Lorenz, Hilke „Kriegskinder", List 2005
Mitscherlich, Alexander und Margarete „Die Unfähigkeit zu Trauern",
Piper 1967
Radebold, Hartmut „Abwesende Väter und Kriegskindheit",
Vandenhoek und Ruprecht 2000
Radebold, Hartmut (Hg.) „Kindheiten im II. Weltkrieg",
Psychosozial-Verlag 2005
Schmidt, Christa „Das entsetzliche Erbe", Vandenhoeck und Ruprecht 2004
Simmel, Ernst „Psychoanalyse und ihre Anwendungen", Fischer 1993
Spitz, Renè „Vom Säugling zum Kleinkind", Stuttgart 1967
„Der Spiegel" 8/2010, 11/2010
Winkelmüller, Anette „Wenn ich untergehe, lasst meine Bilder nicht sterben, zeigt sie
den Menschen", Thieme, Zeitschr. f. Kunsttherapie 1993
Wolf, Christa „Kindheitsmuster", Aufbau-Verlag 1976